PRIMI PASSI NEL

SOCIAL MEDIA MANAGEMENT

di Tiziana Angela Versace

CONTENUTO DEL CORSO

- capitolo 1: Introduzione al SMM
- capitolo 2: Basi del Social Media Marketing
  - La Social Media Strategy
  - Il Piano Editoriale
  - Calendario Editoriale Excel
- capitolo 3: Creazione di Contenuti Social
  - Introduzione al Content Marketing
  - Formati per i Contenuti Social
  - Editing con InShot
- capitolo 4: La Comunicazione sui Social
  - Il Tone of Voice
  - Copywriting
  - Crisis Management
- capitolo 5: Facebook (Organico)
  - Creazione della Pagina Facebook
  - Impostazioni Base della Pagina Facebook
  - Pubblicazione Contenuti e Creator Studio
  - Inviti per gli Utenti Facebook
  - Link Shortening
  - Facebook Insights
- Facebook Ads (Pubblicità a Pagamento)
  - Perché Fare Pubblicità su Facebook
  - Da Dove Iniziare
  - Retargeting
  - Campagna di Remarketing
  - Pubblico Lookalike
  - Il Tracciamento Pixel
  - Strategia per e-commerce
- capitolo 6: Instagram
  - Instagram (teoria)
  - Instagram (Pratica)

CONCLUSIONI

Introduzione al Social Media Marketing

Il Social Media Marketing (SMM) è una forma di marketing che utilizza i social media per promuovere un'azienda, un prodotto o un servizio. L'obiettivo del SMM è di creare una relazione con il pubblico target, costruire l'immagine del brand e aumentare la visibilità dell'azienda.

Per avere successo nel SMM, è necessario avere una strategia ben pianificata. La prima cosa da fare è definire gli obiettivi di marketing e di business. Questi obiettivi devono essere specifici, misurabili, realistici e pertinenti per l'azienda.

Successivamente, bisogna definire il pubblico target. Questo può essere fatto attraverso la creazione di buyer persona, ovvero profili immaginari di clienti ideali. La conoscenza del pubblico target è fondamentale per creare contenuti che siano rilevanti e interessanti per loro.

L'analisi della concorrenza è un altro passo importante per la creazione di una strategia di social media efficace. L'obiettivo è di capire cosa stanno facendo gli altri marchi nel proprio settore e imparare da loro.

La scelta delle piattaforme giuste è un'altra parte importante della strategia di social media. Non tutte le piattaforme social sono adatte per tutte le aziende. Bisogna scegliere quelle più adatte al proprio pubblico target e ai propri obiettivi di marketing.

Infine, è importante pianificare il budget per le attività di social media marketing. È necessario tenere in considerazione i costi per la creazione dei contenuti, la pubblicità sui social media e la gestione delle attività di social media.

Il Social Media Marketing è una delle attività di marketing più importanti degli ultimi anni. Con l'avvento dei social network, infatti, la comunicazione tra aziende e consumatori è diventata sempre più immediata e diretta, permettendo alle aziende di raggiungere il proprio pubblico di riferimento in modo efficace ed efficiente.

In questo primo capitolo del corso sul Social Media Marketing, parleremo delle basi di questa disciplina, partendo dalla sua definizione e dalle sue caratteristiche principali. In particolare, vedremo:

1.1 Definizione di Social Media Marketing

Il Social Media Marketing è una disciplina di marketing che si occupa della promozione di prodotti, servizi e brand sui social media. Consiste nell'utilizzo delle piattaforme social per raggiungere, coinvolgere e fidelizzare il pubblico di riferimento di un'azienda o di un'organizzazione.

Il Social Media Marketing si differenzia dal marketing tradizionale per l'approccio interattivo e bidirezionale che prevede. Mentre nel marketing tradizionale l'azienda si limita a comunicare un messaggio unidirezionale al pubblico, nel Social Media Marketing l'azienda si avvicina al pubblico e cerca di interagire con esso, ascoltando le sue esigenze e rispondendo alle sue domande.

1.2 Caratteristiche del Social Media Marketing

Le caratteristiche principali del Social Media Marketing sono:

- Interattività: il Social Media Marketing prevede un'interazione costante tra azienda e pubblico, favorendo un dialogo aperto e trasparente.
- Bidirezionalità: il Social Media Marketing consente alla azienda di ricevere feedback direttamente dal pubblico, permettendo di migliorare la qualità del prodotto o del servizio offerto.
- Immediato: i social network permettono di raggiungere il proprio pubblico in modo immediato e diretto, senza dover aspettare i tempi della comunicazione tradizionale.
- Misurabilità: i risultati delle attività di Social Media Marketing sono facilmente misurabili attraverso gli strumenti di analisi messi a disposizione dalle piattaforme social.

1.3 Vantaggi del Social Media Marketing

Il Social Media Marketing offre numerosi vantaggi alle aziende che lo utilizzano. In particolare, permette di:

- Aumentare la visibilità del brand
- Generare traffico verso il sito web dell'azienda
- Fidelizzare il pubblico di riferimento
- Acquisire nuovi clienti
- Aumentare le vendite

Oltre alla definizione di base del Social Media Marketing, è importante capire come funziona il processo di creazione di una strategia efficace per i social media.

La prima cosa da fare è capire gli obiettivi del business e come questi obiettivi possono essere raggiunti tramite l'uso dei social media. Ad esempio, l'obiettivo potrebbe essere quello di aumentare il numero di follower sui social media, migliorare l'engagement dei follower o aumentare le vendite di un prodotto specifico.

Una volta stabiliti gli obiettivi, è importante capire il pubblico di riferimento e come raggiungerlo sui social media. Questo significa fare ricerca di mercato e studiare i comportamenti online del pubblico di riferimento, per capire quali piattaforme social utilizzano, quali contenuti preferiscono e a che ora sono più attivi.

In seguito, è necessario creare un piano editoriale che specifichi quali contenuti saranno pubblicati sui social media, quando e con quale frequenza. Il piano editoriale deve essere creato in modo da essere flessibile e adattabile, in modo da poter modificare la strategia in base ai risultati ottenuti.

Per la creazione dei contenuti, è importante utilizzare un approccio che sia in linea con la strategia del business e che sia al tempo stesso accattivante e coinvolgente per il pubblico di riferimento. La scelta dei formati dei contenuti (immagini, video, testi, GIF) deve essere basata sulla tipologia di messaggio che si vuole trasmettere e sui gusti del pubblico di riferimento.

Infine, è importante monitorare costantemente i risultati ottenuti dalla strategia sui social media. Questo significa utilizzare gli strumenti di analisi delle piattaforme social per valutare l'efficacia della strategia, capire cosa funziona e cosa non funziona e apportare eventuali modifiche.

Capitolo 2: Basi del Social Media Marketing

Il Social Media Marketing (SMM) è una strategia di marketing che utilizza i social media per promuovere un'azienda, un prodotto o un servizio. L'obiettivo principale del SMM è quello di raggiungere e coinvolgere il pubblico attraverso i canali social.

2.1 SOCIAL MEDIA STRATEGY

Per iniziare una strategia di SMM, è necessario comprendere i concetti base del social media marketing. Il primo passo è definire gli obiettivi della campagna, ad esempio aumentare la visibilità del brand, migliorare l'engagement dei follower o generare lead:

1. Identificare il proprio pubblico di riferimento: Prima di iniziare qualsiasi attività di social media marketing, è importante avere una chiara comprensione del pubblico che si vuole raggiungere. Questo può essere fatto attraverso la creazione di persona (o buyer persona), che sono dei profili immaginari dei tipici clienti che si vogliono raggiungere. Questi profili possono essere creati sulla base di dati demografici, interessi e comportamenti. Ad esempio, se si vuole promuovere un ristorante di lusso, il pubblico di riferimento potrebbe essere composto da persone di alto reddito, appassionate di gastronomia e di vino.

2. Scegliere i social network giusti: Una volta identificato il pubblico di riferimento, è importante scegliere i social network giusti dove promuovere il proprio brand. Ci sono molti social network disponibili, quindi è importante scegliere quelli che hanno un pubblico simile al proprio target. Ad esempio, se si vuole raggiungere un pubblico più giovane, Instagram e TikTok potrebbero essere scelte migliori rispetto a LinkedIn.

3. Creare contenuti di valore: Il social media marketing richiede la creazione di contenuti di qualità che interessino il pubblico di riferimento. Questi contenuti possono essere di diversi tipi, come foto, video, post scritti o infografiche. È importante che i contenuti siano rilevanti per il pubblico di riferimento e che offrano un valore aggiunto rispetto alla concorrenza. Ad esempio, se si vuole promuovere un prodotto di bellezza, si potrebbe creare un tutorial in video su come utilizzarlo al

meglio.

4. Utilizzare le giuste tecniche di copywriting: Il copywriting è l'arte di creare testi persuasivi per promuovere un prodotto o un servizio. È importante utilizzare le giuste tecniche di copywriting per creare contenuti che catturino l'attenzione del pubblico e li spingano all'azione. Queste tecniche possono includere l'utilizzo di parole d'ordine, la creazione di un senso di urgenza o l'inserimento di testimonianze o recensioni positive. Ad esempio, un post scritto che promuove un prodotto di bellezza potrebbe utilizzare parole come "rivoluzionario" o "esclusivo" per catturare l'attenzione del pubblico.

5. Utilizzare gli strumenti di analisi: Gli strumenti di analisi sono importanti per monitorare l'efficacia delle proprie attività di social media marketing e per apportare eventuali miglioramenti. Ad esempio, Google Analytics può essere utilizzato per monitorare il traffico del sito web proveniente dai social network, mentre gli strumenti di social media management come Hootsuite o Buffer possono essere utilizzati per monitorare l'engagement e il coinvolgimento dei follower

6. Comunicare con i propri follower è una componente fondamentale del social media marketing. L'engagement, ovvero il grado di coinvolgimento degli utenti nei confronti dei contenuti pubblicati, è una metrica importante da tenere in considerazione. Ad esempio, se si pubblica un post su Facebook e si ricevono numerosi commenti e condivisioni, si può dedurre che il contenuto ha suscitato l'interesse del pubblico e ha raggiunto un alto livello di engagement. La copertura, ovvero il numero di persone che sono state raggiunte dai contenuti pubblicati, è un'altra metrica importante. Ad esempio, se si ha una pagina Instagram con 10.000 follower, ma i post hanno una copertura di soli 500 persone, significa che si sta raggiungendo solo una piccola percentuale della propria audience. Oltre a queste metriche, è importante valutare anche la qualità dei contenuti pubblicati, il grado di coinvolgimento del pubblico e l'impatto sull'immagine del brand.

Per valutare la qualità dei contenuti, è importante tenere in considerazione diversi aspetti, come la pertinenza rispetto al pubblico di riferimento, l'originalità e l'utilità. Ad esempio, se si ha un'azienda che vende prodotti per la cura dei capelli, è importante pubblicare contenuti che siano pertinenti per il proprio pubblico di riferimento, come tutorial su come utilizzare i prodotti o consigli per avere capelli sani e lucenti. Inoltre, è importante creare contenuti originali che si distinguano dalla massa e che siano in grado di attirare l'attenzione del pubblico. Infine, i contenuti pubblicati devono essere utili per il pubblico, ad esempio fornendo informazioni o consigli che possano essere applicati nella vita quotidiana.

Infine, è importante valutare l'impatto sull'immagine del brand. I contenuti pubblicati sui social media possono influire in modo significativo sull'immagine dell'azienda e sulla percezione che il pubblico ha del brand. Per questo motivo, è importante fare attenzione alla qualità dei contenuti pubblicati, al tono utilizzato nella comunicazione e alla coerenza con l'immagine del brand. Inoltre, è importante tenere in considerazione eventuali critiche o feedback negativi ricevuti dai propri follower e gestirli in modo professionale e rispettoso.

Il Social Media Marketing utilizza una vasta gamma di strumenti per creare, gestire e monitorare le campagne sui social media. Questi strumenti sono stati progettati per aiutare le aziende a gestire i loro account social in modo più efficiente e a raggiungere i loro obiettivi di marketing. Ecco alcuni degli strumenti più comuni utilizzati nel Social Media Marketing:

1. Hootsuite: Hootsuite è uno strumento di social media management che consente di gestire tutti i propri account social in un'unica piattaforma. Con Hootsuite, è possibile programmare post, monitorare i commenti e le menzioni del brand, analizzare le metriche e creare report.

2. Buffer: Buffer è un altro strumento di social media management che consente di programmare post su più social network contemporaneamente. Buffer offre anche analisi dettagliate sul coinvolgimento dei follower e sulle prestazioni dei post.

3. Sprout Social: Sprout Social è uno strumento di social media management che offre funzionalità avanzate di monitoraggio e di analisi. Con Sprout Social, è possibile monitorare le conversazioni sui social network, identificare influencer e gestire la reputazione del brand.

4. Canva: Canva è uno strumento di design grafico che consente di creare facilmente immagini per i propri post sui social media. Canva offre una vasta gamma di template predefiniti e strumenti di design personalizzabili.

5. Google Analytics: Google Analytics è uno strumento di analisi del sito web che consente di monitorare il traffico proveniente dai social network e di analizzare le metriche di conversione. Google Analytics può essere utilizzato per identificare le fonti di traffico dei social network e per capire come gli utenti interagiscono con il sito web.

6. Facebook Business Manager: Facebook Business Manager è uno strumento di gestione degli account pubblicitari su Facebook. Con Facebook Business Manager, è possibile creare e gestire campagne pubblicitarie su Facebook e su Instagram, monitorare le metriche di performance e creare report dettagliati.

7. Instagram Insights: Instagram Insights è uno strumento di analisi che consente di monitorare le metriche di performance degli account Instagram. Con Instagram Insights, è possibile analizzare il coinvolgimento dei follower, la copertura dei post e altre metriche di performance.

8. TikTok Ads Manager: TikTok Ads Manager è uno strumento di gestione degli account pubblicitari su TikTok. Con TikTok Ads Manager, è possibile creare e gestire campagne pubblicitarie su TikTok, monitorare le metriche di performance e creare report dettagliati.

2.1 IL PIANO EDITORIALE

Il piano editoriale è il documento che stabilisce la strategia di comunicazione e di produzione dei contenuti di un'azienda, di un'organizzazione o di un'individuo sui canali digitali. Esso prevede una serie di attività e di azioni da svolgere per raggiungere gli obiettivi di comunicazione e di business, come ad esempio aumentare il traffico sul sito web, migliorare la brand awareness, generare lead e acquisire nuovi clienti.

In primo luogo, il piano editoriale prevede l'identificazione del pubblico di riferimento e la definizione dei suoi interessi, delle sue esigenze e dei suoi bisogni. Questo passaggio è fondamentale per la creazione di contenuti pertinenti e di valore per gli utenti, in grado di attirare la loro attenzione e di suscitare il loro interesse.

Successivamente, il piano editoriale individua le tematiche e le argomentazioni da trattare, in base alle esigenze del pubblico di riferimento e degli obiettivi di business dell'azienda. Le tematiche devono essere scelte in modo da offrire ai lettori informazioni utili, interessanti e innovative, al fine di differenziarsi dalla concorrenza e di fornire un valore aggiunto.

Una volta definite le tematiche, si procede alla creazione di un calendario editoriale, che stabilisce le date di pubblicazione dei contenuti, le tipologie di formati (ad esempio articoli, video, infografiche, podcast) e i canali di distribuzione (sito web, blog, social media, newsletter). Il calendario editoriale consente di organizzare il lavoro del team e di mantenere una regolarità nella pubblicazione dei contenuti.

Il piano editoriale si sviluppa in diverse fasi:

1. Analisi del pubblico: la prima fase consiste nell'analisi del pubblico di riferimento dell'azienda, cioè chi sono i clienti potenziali, quali sono i loro interessi e bisogni, dove si trovano online, quali sono i loro comportamenti sui social media e come interagiscono con i contenuti.

2. Definizione degli obiettivi: la seconda fase consiste nella definizione degli obiettivi di marketing e comunicazione che l'azienda vuole raggiungere attraverso i social media. Gli obiettivi possono essere di diverso tipo, ad esempio aumentare la visibilità dell'azienda, generare lead, migliorare l'engagement, fidelizzare i clienti esistenti, etc.

3. Scelta dei canali: la terza fase consiste nella scelta dei canali social più adatti all'azienda in base al pubblico di riferimento e agli obiettivi di marketing. Ci sono diversi canali social tra cui Facebook, Instagram, Twitter, LinkedIn, YouTube, TikTok e molti altri, ognuno con le sue peculiarità e caratteristiche.

4. Creazione del calendario editoriale: la quarta fase consiste nella creazione del calendario editoriale, cioè la pianificazione dei contenuti da pubblicare sui canali social dell'azienda. Il calendario editoriale deve prevedere una periodicità di pubblicazione, la scelta degli argomenti, la tipologia di contenuti (testuali, visivi, video, etc.), la modalità di pubblicazione e la promozione dei contenuti.

5. Creazione dei contenuti: la quinta fase consiste nella creazione dei contenuti per i canali social dell'azienda, in base alle linee guida definite nel piano editoriale. I contenuti devono essere rilevanti, interessanti, utili e coerenti con la brand identity dell'azienda.

6. Monitoraggio e analisi dei risultati: l'ultima fase consiste nel monitoraggio e nell'analisi dei risultati delle attività sui social media, al fine di valutare l'efficacia del piano editoriale e apportare eventuali modifiche e miglioramenti. Il monitoraggio può essere effettuato tramite l'utilizzo di tool specifici per il social media monitoring, che consentono di raccogliere e analizzare dati sulle attività dell'azienda sui social media, come il numero di interazioni, di follower, di click sui link, etc.

Ecco un esempio di piano editoriale per un centro estetico:

1. Analisi del pubblico:

- Il pubblico di riferimento sono principalmente donne tra i 20 e i 50 anni, interessate alla cura del proprio corpo e del viso.

- Si trovano principalmente su Facebook e Instagram, dove seguono pagine di centri estetici e influencer di bellezza.

- I loro interessi sono principalmente legati alla cura del corpo e del viso, alla moda e all'ultima tendenza nel mondo beauty.

2. Definizione degli obiettivi:

- Aumentare la visibilità del centro estetico online

- Aumentare la fidelizzazione dei clienti esistenti e generare nuovi clienti

- Promuovere i servizi offerti dal centro estetico

3. Scelta dei canali:

- Facebook e Instagram

4. Creazione del calendario editoriale:

- Periodicità: pubblicazione quotidiana su entrambi i canali

- Argomenti: consigli di bellezza, promozioni sui servizi offerti, eventi organizzati dal centro estetico, curiosità e notizie sul mondo della bellezza

- Tipologia di contenuti: immagini e video

- Modalità di pubblicazione: organica e a pagamento

- Promozione dei contenuti: pubblicazione su gruppi Facebook di interesse e condivisone di influencer

5. Creazione dei contenuti:

- Immagini e video di trattamenti estetici offerti dal centro estetico

- Tutorial di make-up e acconciature

- Consigli di bellezza e skincare

- Immagini degli eventi organizzati dal centro estetico

6. Monitoraggio e analisi dei risultati:

- Utilizzo di strumenti di social media monitoring per raccogliere e analizzare i dati sulle attività sui social media, come il numero di interazioni, di follower, di click sui link, etc.

- Analisi dei dati per valutare l'efficacia del piano editoriale e apportare eventuali modifiche e miglioramenti.

Il monitoraggio e l'analisi dei risultati sono fondamentali per capire se il piano editoriale sta funzionando come previsto e per apportare eventuali correzioni o miglioramenti. Per fare ciò, è possibile utilizzare strumenti di social media monitoring che consentono di raccogliere e analizzare i dati sulle attività sui social media.

I dati che è possibile analizzare includono il numero di interazioni (like, commenti, condivisioni), il numero di follower, il numero di click sui link, il tasso di engagement, il reach (ovvero il numero di persone a cui è stata mostrata la pubblicazione), la crescita dei follower nel tempo, la provenienza del traffico (da dove arrivano i visitatori), le parole chiave utilizzate per trovare la pagina, etc.

L'analisi dei dati consente di valutare l'efficacia del piano editoriale e di apportare eventuali modifiche e miglioramenti. Ad esempio, se si nota che alcune tipologie di contenuti hanno un maggior tasso di engagement rispetto ad altre, si potrebbe decidere di pubblicare più spesso questo tipo di contenuti. Oppure, se si nota che il reach delle pubblicazioni sta diminuendo, si potrebbe decidere di cambiare la strategia di promozione dei contenuti o di utilizzare hashtag più efficaci.

Inoltre, l'analisi dei dati può aiutare a identificare eventuali problemi o opportunità che non erano stati previsti nel piano editoriale. Ad esempio, se si nota un aumento dei commenti negativi da parte dei clienti, si potrebbe decidere di intervenire per migliorare il servizio offerto. Oppure, se si nota che molti follower sono interessati a un determinato argomento che non era stato previsto nel piano editoriale, si potrebbe decidere di creare dei contenuti ad hoc per soddisfare questa richiesta.

Ci sono diversi strumenti di social media monitoring disponibili sul mercato, tra cui alcuni dei più popolari sono:

1. Hootsuite: un tool di gestione dei social media che consente di programmare post, monitorare le attività dei concorrenti, analizzare le performance delle attività sui social media e raccogliere dati su parole chiave specifiche.

2. Brandwatch: un tool di social media intelligence che consente di monitorare la reputazione online, analizzare i sentimenti dei clienti, monitorare i trend e valutare l'efficacia delle campagne sui social media.

3. Sprout Social: un tool di gestione dei social media che consente di pianificare e pubblicare post sui vari canali social, monitorare le attività dei concorrenti, analizzare le performance dei post e raccogliere dati sulle interazioni dei follower.

4. Mention: un tool di monitoraggio dei social media che consente di monitorare la reputazione online, tracciare le menzioni del brand, analizzare i sentimenti dei clienti e identificare le tendenze sui social media.

5. Google Analytics: un tool di analisi del traffico web che consente di monitorare il traffico dei siti web, analizzare le fonti di traffico, i comportamenti degli utenti, le conversioni e il ROI delle attività sui social media.

6. Socialbakers: un tool di social media marketing che consente di pianificare e pubblicare post sui vari canali social, monitorare le attività dei concorrenti, analizzare le performance dei post e raccogliere dati sulle interazioni dei follower.

2.3 Calendario Editoriale Excel

Il calendario editoriale è uno strumento fondamentale per la pianificazione e la gestione dei contenuti sui social media. Esso permette di organizzare in modo chiaro e strutturato la pubblicazione dei post sui vari canali social dell'azienda, garantendo una costante presenza online e una maggiore efficacia delle attività di marketing e comunicazione.

Uno dei modi più comuni per creare un calendario editoriale è l'utilizzo di Excel. Questo programma offre una vasta gamma di funzioni e strumenti che permettono di creare un calendario editoriale personalizzato in base alle esigenze dell'azienda.

Per creare un calendario editoriale in Excel, la prima cosa da fare è creare un nuovo foglio di lavoro e definire le colonne in cui inserire le informazioni relative ai post da pubblicare sui social media. Le colonne possono essere suddivise in base alle seguenti categorie: data di pubblicazione, canale social, titolo del post, descrizione del post, link o immagine allegata, call-to-action e metriche di monitoraggio.

Una volta definite le colonne, è possibile iniziare a compilare il calendario editoriale con i contenuti da pubblicare, seguendo le linee guida e gli obiettivi definiti nel piano editoriale. Il calendario editoriale può essere settimanale, mensile o annuale, a seconda della quantità di post che l'azienda intende pubblicare sui social media.

L'utilizzo di Excel permette anche di automatizzare alcune operazioni, come il calcolo delle metriche di monitoraggio, come il numero di visualizzazioni, di like e di condivisioni, che possono essere inserite in apposite colonne e aggiornate automaticamente.

ESEMPIO DI CALENDARIO PER IL CENTRO ESTETICO:

Data	Piattaforma	Tipo di contenuto	Titolo	Obiettivo
15/03/2023	Facebook	Video	Come effettuare un massaggio rilassante a casa	Aumentare la visibilità dell'azienda
20/03/2023	Instagram	Foto	Nuova collezione di smalti semipermanenti	Aumentare l'engagement
25/03/2023	Facebook	Testo	I nostri consigli per una pelle luminosa	Generare lead
28/03/2023	TikTok	Video	Routine skincare per la primavera	Aumentare la visibilità dell'azienda
02/04/2023	LinkedIn	Testo	I nostri servizi per la cura del viso	Generare lead
05/04/2023	Instagram	Foto	Risultati dei nostri trattamenti di depilazione	Fidelizzare i clienti esistenti
10/04/2023	Facebook	Video	Intervista alla nostra esperta di bellezza	Aumentare l'engagement
15/04/2023	Instagram	Foto	Offerta speciale per il mese di aprile	Generare lead
20/04/2023	TikTok	Video	Tutorial per un trucco da sera perfetto	Aumentare la visibilità dell'azienda
25/04/2023	Facebook	Testo	Come prenotare il nostro pacchetto benessere	Generare lead
30/04/2023	Instagram	Foto	Novità nella nostra gamma di prodotti	Aumentare l'engagement

Capitolo 3: Creazione di Contenuti Social

3.1 CONTENT MARKETING

Il content marketing si basa sull'idea che, anziché cercare di vendere direttamente i propri prodotti o servizi, un'azienda può attrarre e coinvolgere i potenziali clienti creando e condividendo contenuti rilevanti e utili per loro. Questi contenuti possono essere di diversi tipi, come ad esempio articoli, guide, tutorial, video, infografiche, podcast, ecc.

La strategia di content marketing richiede una pianificazione attenta e una conoscenza approfondita del pubblico di riferimento dell'azienda. È importante creare contenuti che rispondano ai bisogni e agli interessi del pubblico, che siano in linea con la brand identity dell'azienda e che siano distribuiti sui canali giusti.

Il content marketing può portare numerosi benefici per un'azienda, come l'aumento della visibilità sui motori di ricerca, l'acquisizione di nuovi clienti, la fidelizzazione di quelli esistenti, l'aumento dell'engagement sui social media, e così via. Tuttavia, per ottenere questi benefici, è fondamentale investire tempo e risorse nella creazione di contenuti di qualità e nell'analisi dei risultati.

Il content marketing si basa sulla produzione di contenuti utili, informativi e coinvolgenti per il pubblico di riferimento, che possono assumere diverse forme, come articoli, video, immagini, infografiche, podcast, e-book e molto altro. L'importanza dei contenuti di qualità è fondamentale per attirare e fidelizzare un pubblico interessato e di conseguenza, migliorare la percezione del brand.

Per questo motivo, è importante sviluppare una strategia di content marketing solida e ben strutturata, che tenga conto delle esigenze e dei gusti del pubblico di riferimento, oltre a individuare i formati di contenuti più adatti alle piattaforme social utilizzate.

Per esempio, un centro estetico potrebbe creare contenuti utili per il pubblico, come tutorial di trucco, consigli per la cura della pelle, o informazioni su prodotti e servizi offerti. Inoltre, potrebbe utilizzare formati come video, immagini e grafiche per mostrare il prima e dopo dei trattamenti estetici, oppure per presentare il team del centro estetico e il loro approccio al lavoro.

La strategia di storytelling è un approccio di marketing che utilizza la narrazione per coinvolgere il pubblico e creare una connessione emotiva con il brand. Il storytelling non riguarda solo la vendita di un prodotto o di un servizio, ma mira anche a creare una relazione a lungo termine con il pubblico.

Per creare una forte brand identity, è importante che l'azienda sviluppi una voce unica e coerente che si rifletta in tutti i suoi messaggi di marketing. Questo può includere la scelta di un tono di voce specifico, lo sviluppo di una palette di colori distintiva e l'uso di immagini o grafica riconoscibili. Inoltre, è importante che il brand sia in grado di comunicare chiaramente i suoi valori, la sua missione e la sua visione attraverso i suoi messaggi di marketing.

Per creare una forte brand identity, è importante che l'azienda sia coerente nella sua messaggistica su tutti i canali di comunicazione, sia online che offline. Ciò può includere la creazione di un sito web ben progettato e facilmente navigabile, l'utilizzo di social media per interagire con il pubblico, la partecipazione a eventi del settore e la pubblicazione di comunicati stampa.

Inoltre, per creare una brand identity forte, l'azienda dovrebbe considerare la creazione di contenuti di qualità che siano in linea con i suoi valori e la sua missione. Ciò può includere la creazione di blog, video, podcast e altro ancora, che aiutino a creare una connessione emotiva con il pubblico.

Infine, per creare una brand identity forte, l'azienda dovrebbe prendersi il tempo di ascoltare il feedback del pubblico e di apportare eventuali modifiche alle sue strategie di marketing di conseguenza. In questo modo, l'azienda può continuare a evolversi e ad adattarsi alle esigenze del pubblico, creando così una connessione a lungo termine con i suoi clienti.

Esempio di storytelling per il centro estetico: Il nostro centro estetico è nato dalla passione per il benessere e la bellezza delle donne. La fondatrice, Maria, ha sempre creduto che ogni donna sia unica e meriti di sentirsi bella e sicura di sé stessa. Per questo ha deciso di aprire il nostro centro estetico, dove offriamo una vasta gamma di trattamenti per il viso e il corpo, sempre con un approccio personalizzato e attento alle esigenze di ogni cliente. Ogni volta che una cliente entra nel nostro centro, il nostro obiettivo è farla sentire come la versione più bella e sicura di sé stessa.

Esempio di brand identity per il centro estetico: Il nostro centro estetico si identifica con un'immagine elegante, raffinata e moderna. Il nostro logo è composto da un fiore stilizzato, simbolo di bellezza e naturalezza, circondato da un cerchio che rappresenta la protezione e la cura che offriamo ai nostri clienti. I nostri colori principali sono il rosa chiaro e il bianco, che evocano freschezza, pulizia e femminilità. Inoltre, utilizziamo solo prodotti di alta qualità e biologici, per garantire il massimo rispetto per la pelle delle nostre clienti e per l'ambiente. In questo modo, vogliamo trasmettere l'idea di un centro estetico attento alla salute e al benessere, sempre al passo con le ultime tendenze del settore.

3.2 Formati per i Contenuti Social

I formati per i contenuti social sono molto importanti poiché influenzano l'esperienza degli utenti sui social media e la loro percezione del marchio. Ci sono diversi formati di contenuti social, tra cui testo, immagini, video, GIF e infografiche. Ogni formato ha il suo scopo e vantaggi specifici.

Il testo è un formato semplice ma efficace per condividere informazioni brevi e concise con i tuoi follower sui social media. È perfetto per post brevi come tweet o messaggi di Facebook. Tuttavia, l'uso eccessivo di testo può essere noioso per gli utenti e ridurre l'interazione.

Le immagini sono una delle forme di contenuti social più popolari. Le immagini possono essere utilizzate per trasmettere un messaggio, raccontare una storia, condividere un prodotto o un servizio, e molto altro ancora. Le immagini colorate e di alta qualità attirano l'attenzione degli utenti e possono generare un maggiore coinvolgimento rispetto al testo da solo.

Il video è un formato di contenuto sociale che sta diventando sempre più popolare. Può essere utilizzato per spiegare un prodotto, raccontare una storia, mostrare un tutorial o un dietro le quinte. I video sono molto coinvolgenti e possono aumentare significativamente il coinvolgimento degli utenti. Inoltre, i video possono essere utilizzati per promuovere prodotti e servizi in modo creativo e coinvolgente.

Le GIF sono immagini animate che possono essere utilizzate per aggiungere un tocco di divertimento e creatività ai tuoi post sui social media. Sono particolarmente utili per creare un tono leggero e informale sui social media e possono essere utilizzate per illustrare un'idea o un'emozione in modo divertente e veloce.

Infine, le infografiche sono formati di contenuti social utili per condividere informazioni complesse in modo visuale. Le infografiche sono grafici visivi che mostrano informazioni e dati in modo chiaro e conciso. Sono perfetti per condividere informazioni sulle tendenze di mercato, i dati dei clienti o le statistiche dell'industria.

Le dimensioni consigliate per la copertina di Facebook sono 820 pixel di larghezza per 312 pixel di altezza. Per quanto riguarda l'immagine del profilo, la dimensione consigliata è di 180x180 pixel.

Instagram: Per l'immagine del profilo di Instagram, la dimensione consigliata è di 110x110 pixel. Per quanto riguarda le dimensioni delle immagini e dei video postati, il formato quadrato (1:1) è quello più utilizzato, con una risoluzione consigliata di 1080x1080 pixel.

Twitter: Per la copertina di Twitter, le dimensioni consigliate sono di 1500x500 pixel. L'immagine del profilo dovrebbe essere di almeno 400x400 pixel.

LinkedIn: La copertina di LinkedIn dovrebbe essere di 1584x396 pixel, mentre l'immagine del profilo dovrebbe essere di almeno 400x400 pixel.

YouTube: La copertina di YouTube dovrebbe essere di 2560x1440 pixel. L'immagine del profilo dovrebbe essere di almeno 800x800 pixel.

Google+: La copertina di Google+ dovrebbe essere di 1080x608 pixel. L'immagine del profilo dovrebbe essere di almeno 250x250 pixel.

È importante utilizzare le dimensioni consigliate per garantire una visualizzazione corretta e nitida delle immagini sui vari social media. Inoltre, è possibile utilizzare strumenti di editing online o software di fotoritocco per adattare le immagini alle dimensioni corrette e migliorarne la qualità.

Per creare immagini e grafiche accattivanti, esistono molti strumenti online gratuiti come Canva, Crello, Adobe Spark e molti altri. Questi strumenti consentono di creare facilmente immagini personalizzate per i social media, utilizzando template predefiniti, icone, grafici e testi preimpostati.

Inoltre, è possibile utilizzare la tecnologia del design assistito dall'intelligenza artificiale come quella offerta da Tailor Brands, che consente di creare loghi e grafiche personalizzate in modo automatico, utilizzando algoritmi basati sulla psicologia dei colori e dei simboli.

Infine, per creare grafiche interessanti e coinvolgenti, è importante seguire le tendenze del design. Ad esempio, negli ultimi anni, il flat design e il design minimalista sono diventati molto popolari sui social media. Seguire le tendenze del design aiuta a mantenere i propri contenuti freschi e moderni.

Per fare un esempio pratico, immaginiamo di voler creare una grafica per Instagram. Possiamo utilizzare uno strumento come Canva per creare una immagine personalizzata, scegliendo un template predefinito e aggiungendo testo e icone. Una volta creato l'immagine, possiamo condividerla sulla nostra pagina Instagram, accompagnata da una descrizione accattivante e hashtag pertinenti. In questo modo, possiamo aumentare il coinvolgimento del pubblico e promuovere il nostro brand in modo efficace.

3.3 EDITING CON INSHOT

Editing di Immagini con InShot: InShot è un'app di editing per le immagini disponibile per iOS e Android. L'app è dotata di numerose funzionalità come il ritaglio, la rotazione, la regolazione dei colori, l'aggiunta di testo, filtri ed effetti. Inoltre, l'app consente di aggiungere adesivi e sfondi personalizzati e di creare collage di immagini. Per utilizzare l'app, è possibile scegliere un'immagine dalla galleria o scattare una nuova foto, quindi selezionare l'opzione di modifica desiderata. InShot è un'app molto utile per creare immagini accattivanti e di alta qualità per i social media.

1. Editing Video con InShot: InShot offre anche una serie di funzionalità di editing video per creare video di alta qualità per i social media. L'app consente di tagliare e unire i video, aggiungere filtri ed effetti, regolare la velocità di riproduzione, aggiungere testo e adesivi, e modificare l'audio. Inoltre, è possibile regolare la dimensione del video per renderlo adatto a diversi formati social media come Instagram, TikTok, e YouTube. InShot è una soluzione completa per l'editing video su dispositivi mobili.

2. Creazione GIF: InShot consente anche la creazione di GIF a partire dai video esistenti. L'app consente di selezionare il segmento del video che si desidera trasformare in GIF, regolare la velocità di riproduzione e aggiungere testo. Inoltre, è possibile scegliere tra una vasta gamma di effetti e filtri per personalizzare la GIF. Una volta creata la GIF, è possibile condividerla sui social media o salvarla nella

galleria.

3. Dimensioni Copertine e Immagini Profilo Social: Le dimensioni delle immagini di copertina e dei profili sui social media variano a seconda della piattaforma. Ad esempio, le dimensioni della foto del profilo su Facebook sono di 180x180 pixel, mentre la foto di copertina deve essere di 851x315 pixel. Su Instagram, la foto del profilo deve essere di 110x110 pixel e la dimensione della foto di copertina del profilo è di 1080x566 pixel. Per Twitter, la dimensione della foto del profilo è di 400x400 pixel e la dimensione della foto di copertina è di 1500x500 pixel. InShot consente di modificare le dimensioni delle immagini per adattarle ai requisiti delle diverse piattaforme social.

4. Grafiche per i Social Media: InShot è un'applicazione versatile che consente di creare grafiche di alta qualità per i social media. L'app offre una vasta gamma di strumenti per la creazione di grafiche, tra cui il ritaglio, l'aggiunta di testo, filtri ed effetti, adesivi e sfondi personalizzati. Inoltre, l'app consente di creare grafiche animate e di adattarle alle dimensioni dei social media. In questo modo, è possibile creare grafiche accattivanti e di alta qualità per i social media utilizzando solo il proprio dispositivo mobile.

Ecco un esempio passo passo su come utilizzare InShot per creare immagini, video e GIF:

1. Apri l'app InShot sul tuo dispositivo mobile.

2. Scegli l'opzione "Video" se vuoi creare un video o "Foto" se vuoi creare un'immagine.

3. Se hai scelto l'opzione "Video", seleziona il video che desideri modificare dalla tua galleria. Se hai scelto "Foto", scegli la foto che vuoi modificare.

4. Una volta che il video o la foto sono stati caricati in InShot, puoi iniziare ad apportare le modifiche. Scegli l'opzione desiderata dal menu in basso, come "Filtri", "Musica", "Testo", "Adesivi" o "Effetti".

5. Per aggiungere un filtro al tuo video o alla tua foto, seleziona l'opzione "Filtri" e scorri la lista dei filtri disponibili. Tocca il filtro che desideri applicare e regola l'intensità del filtro con il cursore.

6. Se vuoi aggiungere della musica al tuo video, seleziona l'opzione "Musica". Puoi scegliere una canzone dalla tua libreria musicale o utilizzare una delle tracce predefinite disponibili in InShot. Puoi anche regolare il volume della musica con il cursore.

7. Se vuoi aggiungere testo al tuo video o alla tua foto, seleziona l'opzione "Testo". Scegli il font, la dimensione e il colore del testo e scrivi il testo nella casella di testo. Puoi anche regolare la durata e l'animazione del testo.

8. Se vuoi aggiungere adesivi al tuo video o alla tua foto, seleziona l'opzione "Adesivi". Scorri la lista degli adesivi disponibili e tocca l'adesivo che desideri applicare. Puoi anche regolare la dimensione e la posizione dell'adesivo.

9. Per creare una GIF, seleziona l'opzione "GIF" e scegli la durata desiderata per la tua GIF. Puoi anche aggiungere un testo o un adesivo alla tua GIF.

10. Una volta che hai completato le modifiche, tocca il pulsante "Salva" per salvare il tuo video, la tua foto o la tua GIF nella tua galleria.

Capitolo 4: La Comunicazione sui Social

La comunicazione sui social media è una parte fondamentale della presenza online di un'azienda. Oltre a scegliere i giusti canali social e a creare contenuti coinvolgenti, è importante anche considerare la comunicazione che si utilizza sui social media. In questo capitolo, esploreremo tre aspetti chiave della comunicazione sui social media: il tone of voice, il copywriting e il crisis management.

Il Tone of Voice

Il tone of voice (tono di voce) si riferisce alla personalità della tua azienda e alla sua comunicazione. Il tone of voice si basa su elementi come il linguaggio, lo stile, la tonalità e il sentimento che vengono utilizzati nella comunicazione dell'azienda sui social media. Ad esempio, un tono di voce divertente e informale può essere più adatto per un'azienda che vende prodotti per la generazione Z, mentre un tono più formale e professionale può essere più adatto per un'azienda che vende servizi finanziari.

Per sviluppare un tone of voice efficace per la tua azienda sui social media, è importante considerare il tuo pubblico di destinazione e come vuoi che la tua azienda venga percepita online. Ad esempio, se il tuo pubblico di destinazione è composto principalmente da professionisti, potresti voler adottare un tono di voce più formale e professionale. D'altra parte, se il tuo pubblico di destinazione è composto principalmente da giovani adulti, potresti voler adottare un tono di voce più informale e divertente.

Copywriting

Il copywriting (scrittura pubblicitaria) si riferisce alla scrittura di testi pubblicitari e di marketing. Quando si scrive il copy per i social media, è importante creare testi che siano concisi, coinvolgenti e persuasivi. Ciò significa utilizzare parole e frasi che attirino l'attenzione del pubblico e li motivino ad agire.

Per scrivere un copy efficace sui social media, è importante anche considerare la piattaforma su cui stai scrivendo. Ad esempio, Twitter ha un limite di 280 caratteri, quindi è importante essere concisi e utilizzare parole e frasi che catturino immediatamente l'attenzione del pubblico. D'altra parte, su Instagram, dove le immagini e i video sono in primo piano, il testo deve essere utilizzato in modo strategico per completare l'immagine o il video e catturare l'attenzione del pubblico.

Crisis Management

Il crisis management (gestione delle crisi) si riferisce alla gestione della comunicazione sui social media in caso di crisi, come ad esempio una controversia, una violazione della sicurezza o un problema di prodotto. Quando si gestisce una crisi sui social media, è importante rispondere rapidamente e in modo efficace, fornendo informazioni accurate e trasparenti.

In caso di crisi sui social media, è importante anche mantenere un tono di voce appropriato e assicurarsi che la comunicazione sia coerente su tutti i canali social dell'azienda. È importante anche monitorare continuamente i social media per rilevare eventuali nuove sfide o reazioni del pubblico

4.1 IL TONE OF VOICE

Come abbiamo già accennato, il tone of voice si riferisce alla personalità della tua azienda e alla sua comunicazione sui social media. Definire un tone of voice efficace per la tua azienda sui social media è importante perché aiuta a creare un'immagine coerente e facilmente riconoscibile dell'azienda e a raggiungere il pubblico di destinazione in modo efficace.

Per definire il tone of voice per la tua azienda sui social media, considera i seguenti fattori:

1. Valori aziendali: Il tone of voice deve riflettere i valori e la cultura dell'azienda. Ad esempio, un'azienda che si concentra sulla sostenibilità e l'ecologia potrebbe utilizzare un tono di voce più sobrio e riflessivo, mentre un'azienda tecnologica potrebbe utilizzare un tono di voce più innovativo e futuristico.

2. Pubblico di destinazione: Il tone of voice deve adattarsi al pubblico di destinazione dell'azienda. Ad esempio, un'azienda che vende prodotti per la terza età potrebbe utilizzare un tono di voce più rassicurante e amichevole, mentre un'azienda che si rivolge ai giovani adulti potrebbe utilizzare un tono di voce più divertente e informale.

3. Obiettivi di comunicazione: Il tone of voice deve essere in linea con gli obiettivi di comunicazione dell'azienda sui social media. Ad esempio, se l'obiettivo dell'azienda è quello di aumentare la consapevolezza del marchio, il tone of voice potrebbe essere più descrittivo e informativo. D'altra parte, se l'obiettivo dell'azienda è quello di generare vendite, il tone of voice potrebbe essere più persuasivo e orientato all'azione.

4. Competitività: Il tone of voice deve essere distintivo e differenziare l'azienda dai concorrenti. Ad esempio, se molti dei tuoi concorrenti utilizzano un tone of voice formale e professionale, potresti distinguerti utilizzando un tone of voice più informale e colloquiale.

Una volta definito il tone of voice per la tua azienda sui social media, è importante utilizzarlo in modo coerente su tutti i canali social dell'azienda. Ciò significa utilizzare un linguaggio coerente, una tonalità coerente e un sentimento coerente in tutta la comunicazione dell'azienda sui social media. In questo modo, l'azienda diventa facilmente riconoscibile e creerà un'immagine coerente e professionale per il pubblico di destinazione.

Ecco un esempio di come si potrebbe definire il tone of voice per un centro estetico sui social media:

1. Valori aziendali: Il nostro centro estetico si concentra sulla bellezza naturale e sulla cura del cliente. Il tone of voice deve quindi essere gentile e premuroso, ma anche professionale e competente.

2. Pubblico di destinazione: Il nostro pubblico di destinazione è composto principalmente da donne di età compresa tra i 25 e i 55 anni, che sono interessate a migliorare la loro bellezza naturale. Il tone of voice deve quindi essere orientato a creare un'atmosfera confortevole e accogliente, ma anche informativo e professionale.

3. Obiettivi di comunicazione: Il nostro obiettivo principale è quello di attrarre nuovi clienti e di mantenere quelli esistenti. Il tone of voice deve quindi essere persuasivo e orientato all'azione, ma anche educativo e descrittivo per far conoscere i nostri servizi e le nostre offerte.

4. Competitività: Nel nostro mercato, molti dei nostri concorrenti utilizzano un tone of voice professionale e distaccato. Noi vogliamo distinguerci utilizzando un tone of

voice più amichevole e accogliente per creare una connessione più forte con i nostri clienti.

In base a questi fattori, il tone of voice per il nostro centro estetico sui social media potrebbe essere descritto come:

- Gentile e premuroso
- Accogliente e confortevole
- Competente e professionale
- Informativo ed educativo
- Persuasivo e orientato all'azione

Utilizzando questo tone of voice in modo coerente sui social media del nostro centro estetico, possiamo creare una comunicazione riconoscibile e professionale per il nostro pubblico di destinazione.

4.2 Copywriting

Il copywriting sui social media consiste nella scrittura di testi persuasivi e coinvolgenti per promuovere prodotti o servizi, o per coinvolgere il pubblico in conversazioni o eventi. È importante che il testo sia conciso, pertinente e attraente per il pubblico di destinazione.

Ecco alcuni suggerimenti per migliorare la capacità di copywriting sui social media:

1. Conoscere il pubblico di destinazione: È importante conoscere il pubblico di destinazione, i loro interessi, le loro esigenze e le loro preoccupazioni per creare un copywriting rilevante e coinvolgente. Si consiglia di creare dei profili immaginari del pubblico di destinazione, in modo da poter scrivere con una voce autentica e rilevante per loro.

2. Utilizzare un tone of voice coerente: Come abbiamo visto in precedenza, è importante definire il tone of voice per la propria attività sui social media e utilizzarlo in modo coerente. Ciò crea una connessione più forte con il pubblico e aiuta a distinguersi dalla concorrenza.

3. Essere concisi: Su social media come Twitter e Instagram, si dispone di poco spazio per il testo. È importante essere concisi e dire quello che si vuole comunicare in modo chiaro e diretto. Invece di scrivere un lungo testo, si possono utilizzare

immagini o video per accompagnare il messaggio.

4. Utilizzare call-to-action: Le call-to-action (CTA) sono inviti all'azione che incoraggiano il pubblico a fare qualcosa, come acquistare un prodotto, iscriversi a un evento o lasciare un commento. Le CTA devono essere chiare, dirette e coinvolgenti.

5. Sperimentare e analizzare i risultati: Il copywriting sui social media richiede sperimentazione per capire cosa funziona meglio per il proprio pubblico. È importante provare diverse tecniche e verificare i risultati con l'analisi dei dati disponibili sui social media.

Ecco alcuni esempi pratici di copywriting sui social media:

1. Esempio di post Instagram per un'azienda di abbigliamento:

Titolo: "Aggiungi colore alla tua primavera con i nostri vestiti nuovi!"

Testo: "La primavera è qui e abbiamo tutto ciò di cui hai bisogno per aggiungere un tocco di colore al tuo guardaroba! Dai un'occhiata alla nostra nuova collezione di vestiti primaverili e preparati a sfoggiare i colori della stagione. Clicca il link in bio per vedere di più!"

2. Esempio di post Facebook per un ristorante:

Titolo: "Vieni a provare il nostro nuovo menu primaverile!"

Testo: "La primavera è finalmente arrivata e abbiamo il piacere di presentarvi il nostro nuovo menu primaverile! Abbiamo aggiunto alcuni dei migliori ingredienti stagionali per creare piatti freschi e deliziosi. Prenota ora il tuo tavolo e lasciati conquistare dai sapori della primavera! #menu #primavera #delizioso"

3. Esempio di tweet per una palestra:

Titolo: "Scegli la salute e la felicità, unisciti a noi in palestra!"

Testo: "La salute è la vera ricchezza e non c'è modo migliore per investire in te stesso che unirsi a noi in palestra! Offriamo le migliori attrezzature e lezioni, insieme ad un'atmosfera accogliente e amichevole. Non aspettare, vieni a trovarci oggi stesso! #palestra #salute #fitness"

Come si può notare, questi esempi di copywriting sui social media seguono alcuni dei suggerimenti che abbiamo fornito in precedenza, come l'utilizzo di un tone of voice coerente, la sintesi del messaggio, l'invito all'azione e l'utilizzo di hashtag pertinenti.

4. ecco un esempio di copywriting per un centro estetico:

Titolo: "Fatti coccolare con i nostri trattamenti di bellezza personalizzati!"

Testo: "Mettiti al primo posto della tua lista delle priorità e concediti una pausa di bellezza presso il nostro centro estetico. I nostri trattamenti personalizzati sono la risposta perfetta per ripristinare la tua bellezza naturale e il benessere interno. Prenota ora la tua sessione di bellezza e lasciati coccolare dalle nostre esperte estetiste. #bellezza #benessere #trattamenti"

4.3 Crisis Management

Il Crisis Management è una strategia che prevede l'adozione di misure preventive e reattive per gestire situazioni di emergenza e crisi che possono colpire un'azienda o un'organizzazione. In particolare, sui social media il Crisis Management diventa un aspetto ancora più importante, poiché la rapidità di diffusione delle informazioni può essere molto elevata e la reputazione dell'azienda può essere gravemente compromessa in pochissimo tempo.

Ecco alcuni consigli per gestire efficacemente le situazioni di crisi sui social media:

1. Monitorare costantemente i social media: è importante monitorare costantemente i social media, in modo da essere tempestivi nella risposta a eventuali commenti negativi o recensioni sfavorevoli.

2. Rispondere in modo tempestivo ed empatico: in caso di critiche o commenti negativi, è importante rispondere tempestivamente e in modo empatico, dimostrando di aver compreso le lamentele del cliente e fornendo una soluzione o un'alternativa.

3. Comunicare in modo trasparente: in caso di situazioni di emergenza o crisi, è importante comunicare in modo trasparente e chiaro, fornendo informazioni aggiornate e precise sulla situazione e sulle misure adottate per gestirla.

4. Essere proattivi nella gestione della crisi: invece di aspettare che la situazione peggiori, è importante adottare un approccio proattivo nella gestione della crisi, fornendo informazioni tempestive e preventive per limitare i danni.

5. Utilizzare i social media per fornire aggiornamenti: i social media possono essere utilizzati anche per fornire aggiornamenti sulla situazione, ad esempio attraverso post e tweet informativi e utili per i clienti.

Ecco un esempio di gestione della crisi sui social media:

Titolo: "Comunicazione sulla chiusura temporanea del nostro centro estetico"

Testo: "Carissimi clienti, ci teniamo a informarvi che il nostro centro estetico rimarrà chiuso per alcuni giorni a causa di un'imprevista emergenza sanitaria. Vogliamo rassicurare tutti i nostri clienti che stiamo adottando tutte le misure necessarie per garantire la sicurezza e la salute di tutti. Vi aggiorneremo costantemente sulla situazione attraverso i nostri social media. Ci scusiamo per il disagio e vi ringraziamo per la vostra comprensione."

Ci sono molte altre cose da considerare, come ad esempio l'importanza di avere un piano di crisi ben definito, la formazione del personale per la gestione delle emergenze, la valutazione dei rischi e la definizione delle responsabilità:

Avere un piano di crisi ben definito: è importante avere un piano di crisi ben definito, che preveda una serie di procedure da seguire in caso di emergenza. Il piano di crisi dovrebbe includere, ad esempio, una lista di contatti di emergenza, le modalità di comunicazione interna ed esterna, le procedure di evacuazione e la gestione delle informazioni riservate.

1. Formazione del personale: è importante che tutto il personale dell'azienda o dell'organizzazione sia adeguatamente formato per la gestione delle situazioni di crisi. Il personale dovrebbe essere a conoscenza del piano di crisi e delle procedure da seguire, e dovrebbe essere in grado di gestire situazioni di emergenza in modo efficace e professionale.

2. Valutazione dei rischi: prima che si verifichi una situazione di crisi, è importante valutare i rischi e le possibili minacce per l'azienda o l'organizzazione. Una corretta valutazione dei rischi consente di prevenire situazioni di crisi, o almeno di essere pronti a gestirle nel modo migliore.

3. Definizione delle responsabilità: è importante definire chi sono le persone responsabili della gestione della crisi all'interno dell'azienda o dell'organizzazione. Questo significa che ogni persona coinvolta deve essere chiaramente identificata, con precise responsabilità assegnate.

4. Rivolgersi a professionisti esperti: in caso di situazioni di crisi particolarmente complesse o delicate, può essere utile rivolgersi a professionisti esperti di Crisis Management. Questi professionisti possono fornire supporto e consulenza per la

gestione della crisi, e possono aiutare a minimizzare i danni alla reputazione dell'azienda o dell'organizzazione.

Ci sono ancora molti altri aspetti che si potrebbero approfondire, come ad esempio la gestione della comunicazione durante una crisi, la valutazione dei danni e la definizione delle strategie per il recupero della reputazione dell'azienda o dell'organizzazione:

1. Gestione della comunicazione durante una crisi: durante una situazione di crisi, la gestione della comunicazione è fondamentale. È importante fornire informazioni accurate e tempestive al pubblico, ai dipendenti e ai partner dell'azienda o dell'organizzazione. È inoltre importante comunicare in modo trasparente e onesto, evitando di minimizzare i danni o di nascondere informazioni rilevanti.

2. Valutazione dei danni: dopo una situazione di crisi, è importante valutare i danni e le conseguenze dell'evento. Questo può includere la valutazione dei danni finanziari, della reputazione dell'azienda o dell'organizzazione e della percezione del pubblico. La valutazione dei danni può aiutare a definire le strategie per il recupero della reputazione e per la ripresa delle attività.

3. Strategie per il recupero della reputazione: dopo una situazione di crisi, l'azienda o l'organizzazione potrebbe subire una perdita di reputazione. È importante definire strategie per il recupero della reputazione, ad esempio attraverso la comunicazione di messaggi positivi e la dimostrazione di un impegno per la trasparenza e la qualità del servizio.

4. Coinvolgimento di un team di crisi: in caso di situazioni di crisi particolarmente complesse o delicate, può essere utile coinvolgere un team di crisi dedicato. Il team di crisi può includere rappresentanti di diverse aree dell'azienda o dell'organizzazione, nonché professionisti esterni esperti di Crisis Management. Il team di crisi può aiutare a definire e attuare le strategie per la gestione della crisi, minimizzando i danni e garantendo una ripresa delle attività il più rapidamente possibile.

Capitolo 5: Facebook (Organico e Pubblicitario)

Facebook è il social network più utilizzato al mondo con oltre 2 miliardi di utenti attivi. Grazie alla sua grande popolarità, Facebook rappresenta un'opportunità unica per promuovere il proprio business, sia tramite l'organico che attraverso le campagne pubblicitarie. In questo capitolo, esamineremo come creare una pagina Facebook, gestirla e promuoverla attraverso le pubblicità.

Creazione della Pagina Facebook

La creazione di una pagina Facebook è il primo passo per la promozione del proprio business. La pagina è il luogo in cui gli utenti possono scoprire e seguire il tuo brand, interagire con la tua attività e, se sei un'azienda, trovare informazioni importanti come indirizzo, orari di apertura e numero di telefono.

Per creare una pagina Facebook, segui questi semplici passaggi:

1. Accedi al tuo account Facebook.

2. Clicca sulla freccia rivolta verso il basso nell'angolo in alto a destra e seleziona "Crea Pagina".

3. Scegli il tipo di pagina che desideri creare (azienda, organizzazione, personaggio pubblico, ecc.) e fornisci le informazioni richieste.

4. Carica un'immagine del profilo e un'immagine di copertina per la tua pagina.

5. Aggiungi una descrizione breve e completa della tua attività.

6. Aggiungi i dettagli dell'azienda, come indirizzo, numero di telefono e orari di apertura.

7. Clicca su "Crea Pagina" per completare la creazione della tua pagina.

5.1 Impostazioni Base della Pagina Facebook

Le impostazioni di base della pagina Facebook possono essere personalizzate per adattarsi alle esigenze della tua attività. Alcune delle impostazioni più importanti includono l'impostazione della categoria della pagina, la selezione delle opzioni di notifica e la configurazione delle autorizzazioni degli utenti.

5.2 Pubblicazione Contenuti e Creator Studio

Il Creator Studio di Facebook è un'ottima risorsa per la gestione della tua pagina e la pubblicazione dei contenuti. Puoi utilizzare questo strumento per pianificare le pubblicazioni, gestire le notifiche e monitorare le prestazioni dei tuoi contenuti.

5.3 Inviti per gli Utenti Facebook

Una volta creato il tuo pubblico di base, puoi invitare altri utenti Facebook a seguire la tua pagina. Puoi invitare i tuoi amici, i tuoi clienti e i tuoi contatti in modo da aumentare gradualmente il tuo pubblico.

5.4 Link Shortening

Il link shortening è una tecnica che consente di abbreviare gli URL dei tuoi contenuti, rendendoli più facili da condividere sui social media come Facebook. Ci sono molti strumenti gratuiti disponibili online come Bit.ly, Ow.ly e Tinyurl.com che puoi utilizzare per accorciare i tuoi URL.

Oltre a semplificare la condivisione dei tuoi contenuti sui social media, l'utilizzo di un link shortener ti consente anche di monitorare e tracciare i clic sui tuoi link, offrendoti informazioni preziose sulle prestazioni dei tuoi contenuti.

5.5 Facebook Insights

E' uno strumento gratuito che offre dati e analisi sulla tua pagina Facebook e sulle tue attività di social media. Puoi utilizzare Insights per ottenere informazioni su metriche come il coinvolgimento del pubblico, il raggiungimento delle pubblicazioni, i like della pagina, i dati demografici degli utenti e altro ancora.Grazie a queste informazioni, puoi migliorare la tua strategia di social media marketing, creando contenuti che risuonino meglio con il tuo pubblico e utilizzando gli strumenti di targeting di Facebook per raggiungere gli utenti giusti.

5.6 Facebook Ads

Facebook Ads è un'opzione di pubblicità a pagamento offerta da Facebook per raggiungere un pubblico più ampio e aumentare la visibilità della tua pagina e dei tuoi contenuti. Per iniziare a creare annunci su Facebook, dovrai configurare un account pubblicitario su Facebook Business Manager. Da qui, potrai scegliere l'obiettivo della tua campagna pubblicitaria, creare annunci e impostare il budget e il calendario di pubblicazione. La scelta dell'obiettivo della campagna pubblicitaria è un passaggio importante, poiché determinerà l'approccio e il tipo di creatività che utilizzerai nei tuoi annunci. Alcuni esempi di obiettivi includono aumentare la consapevolezza del marchio, generare lead o conversioni, aumentare il traffico al sito web e altro ancora. Una volta che hai scelto l'obiettivo, dovrai creare una campagna pubblicitaria e un gruppo annunci all'interno del tuo account pubblicitario. Puoi quindi creare la creatività degli annunci, che può essere un'immagine, un video o una combinazione di entrambi. È importante assicurarsi di rispettare le normative pubblicitarie di Facebook, che includono limiti di testo, requisiti di immagine e restrizioni sulle pratiche pubblicitarie. Una volta pubblicati gli annunci, potrai monitorare le prestazioni utilizzando gli strumenti di reportistica di Facebook e apportare modifiche alla tua strategia di pubblicità per migliorare i risultati. Perché Fare Pubblicità su Facebook Ci sono molte ragioni per fare pubblicità su Facebook, tra cui: Ampia portata: Facebook ha una base di utenti globale enorme, con oltre 2,8 miliardi di utenti attivi mensili. Ciò significa che hai la possibilità di raggiungere un ampio pubblico di potenziali clienti.

Targeting preciso: grazie alle opzioni di targeting avanzate di Facebook, puoi raggiungere utenti specifici in base a interessi, demografia, comportamenti di acquisto e altro ancora. Questo ti consente di creare annunci altamente mirati e personalizzati per raggiungere esattamente il pubblico che vuoi.

Costi accessibili: la pubblicità su Facebook può essere molto conveniente, con budget personalizzabili e opzioni di pagamento per clic o per impressioni. Questo rende la pubblicità su Facebook accessibile anche per le piccole imprese con budget limitati.

Maggiore visibilità: con la pubblicità su Facebook, puoi aumentare la visibilità della tua pagina, dei tuoi prodotti o servizi, e raggiungere un pubblico che potrebbe non essere stato raggiunto in modo organico.

Tracciamento preciso: grazie ai dati di tracciamento di Facebook, puoi monitorare e misurare le prestazioni delle tue campagne pubblicitarie in modo preciso. Questo ti consente di apportare modifiche e ottimizzare le tue strategie per ottenere i migliori risultati possibili.

Da dove iniziare

Per iniziare a fare pubblicità su Facebook, dovrai prima creare un account pubblicitario su Facebook Business Manager. Dopo aver creato il tuo account, dovrai impostare la tua prima campagna pubblicitaria, scegliendo l'obiettivo della tua campagna e il budget.

Successivamente, dovrai creare un gruppo annunci e la creatività degli annunci. Ricorda di rispettare le normative pubblicitarie di Facebook e di utilizzare gli strumenti di targeting per raggiungere il pubblico giusto.

Gli Asset del Facebook Business Manager

Il Facebook Business Manager offre diversi asset che puoi utilizzare per gestire la tua presenza su Facebook, tra cui:

- Pagina Facebook: la tua pagina aziendale su Facebook, dove puoi pubblicare contenuti, interagire con i tuoi follower e gestire le recensioni.

- Account pubblicitario: l'account che utilizzi per creare e gestire le tue campagne pubblicitarie su Facebook.

- Pagina Instagram: se hai un account Instagram associato alla tua pagina Facebook, puoi gestirlo anche tramite il Business Manager.

- Pixel Facebook: uno strumento di tracciamento che ti consente di monitorare le azioni degli utenti sul tuo sito web, nonché di creare pubblici personalizzati e di retargeting.

- Catalogo prodotti: un elenco di prodotti che puoi utilizzare per creare annunci dinamici e raggiungere utenti interessati ai tuoi prodotti.

Gli Strumenti del Facebook Business Manager

Il Facebook Business Manager offre anche diversi strumenti che puoi utilizzare per gestire la tua presenza su Facebook, tra cui:

- Creator Studio: uno strumento che ti consente di programmare e pubblicare contenuti su Facebook e Instagram.

- Strumenti di analisi: strumenti di analisi avanzati che ti consentono di monitorare le prestazioni della tua pagina e delle tue campagne pubblicitarie.

- Gestione degli utenti: uno strumento che ti consente di assegnare ruoli e permessi ai membri del team che gestiscono la tua presenza su Facebook.

La creazione e gestione di una presenza efficace su Facebook richiede tempo, dedizione e pianificazione. Ecco alcuni consigli per aiutarti a ottenere il massimo dalla tua presenza su Facebook:

1. Conosci il tuo pubblico: prima di iniziare a creare contenuti o annunci, è importante conoscere il tuo pubblico e i suoi interessi. Utilizza gli strumenti di targeting di Facebook per raggiungere esattamente il pubblico che vuoi.

2. Crea contenuti di qualità: crea contenuti che siano utili, interessanti e rilevanti per il tuo pubblico. Utilizza immagini di alta qualità e scrivi testi accattivanti.

3. Interagisci con il tuo pubblico: rispondi ai commenti e alle domande dei tuoi follower e cerca di creare un rapporto autentico e duraturo con il tuo pubblico.

4. Sii coerente: cerca di pubblicare regolarmente contenuti sul tuo profilo e di mantenere una coerenza di tono e di stile.

5. Sperimenta: prova diversi tipi di contenuti e di annunci per capire quali funzionano meglio per il tuo pubblico. Utilizza gli strumenti di analisi di Facebook per monitorare le prestazioni delle tue campagne pubblicitarie e apportare modifiche quando necessario.

Ecco alcuni esempi di come le aziende potrebbero utilizzare la pubblicità su Facebook per raggiungere i loro obiettivi di marketing:

- Aumentare la consapevolezza del marchio: una società di abbigliamento potrebbe utilizzare annunci su Facebook per promuovere la sua nuova collezione primaverile, utilizzando immagini e video coinvolgenti per attirare l'attenzione degli utenti. L'obiettivo sarebbe quello di far conoscere il marchio e di far vedere agli utenti i nuovi prodotti disponibili.

- Generare lead: una società di software potrebbe utilizzare annunci su Facebook per offrire una prova gratuita del suo prodotto, con l'obiettivo di generare lead e di far conoscere il prodotto a un pubblico più ampio. L'annuncio potrebbe essere mirato a utenti che mostrano interesse per il software o per software simili.

- Aumentare le vendite: un negozio di abbigliamento online potrebbe utilizzare annunci dinamici su Facebook per mostrare prodotti specifici agli utenti in base al loro comportamento di navigazione, come ad esempio gli articoli che hanno visualizzato ma non hanno acquistato. Questo tipo di annuncio potrebbe essere particolarmente efficace per aumentare le vendite e incentivare gli utenti a completare un acquisto.

- Fidelizzare i clienti: una società di abbonamenti mensili potrebbe utilizzare annunci su Facebook per promuovere sconti e offerte speciali per i suoi clienti fedeli. Questo tipo di annuncio potrebbe essere rivolto ai clienti attuali tramite un pubblico personalizzato basato sui loro dati di contatto, come ad esempio l'elenco degli indirizzi e-mail dei clienti.

Supponiamo che il centro estetico voglia promuovere un nuovo servizio di trattamento viso alla vitamina C per le donne tra i 25 e i 45 anni che vivono nella stessa città del centro estetico.

In questo caso, il centro estetico potrebbe creare una campagna pubblicitaria su Facebook con l'obiettivo di generare conversioni. Dopo aver creato l'account pubblicitario su Facebook Business Manager e aver impostato l'obiettivo della campagna, il centro estetico potrebbe utilizzare gli strumenti di targeting avanzati di Facebook per raggiungere esattamente il pubblico desiderato, ad esempio:

- Età: donne tra i 25 e i 45 anni
- Posizione: la città in cui si trova il centro estetico
- Interessi: bellezza, cura della pelle, cosmetici naturali
- Comportamenti di acquisto: clienti abituali di prodotti di bellezza

Successivamente, il centro estetico potrebbe creare un gruppo annunci con un'immagine o un video accattivante del trattamento viso alla vitamina C e un testo persuasivo che spiega i benefici del servizio. Il gruppo annunci potrebbe anche includere un link alla pagina del sito web del centro estetico dove i potenziali clienti possono prenotare il servizio.

Infine, il centro estetico potrebbe monitorare le prestazioni della campagna pubblicitaria utilizzando gli strumenti di tracciamento di Facebook, come il Pixel Facebook, per capire quanti potenziali clienti hanno visualizzato l'annuncio, quante prenotazioni sono state effettuate e quanto è stato speso in pubblicità. Questi dati possono aiutare il centro estetico a ottimizzare la sua strategia pubblicitaria e a raggiungere ancora più potenziali clienti in futuro.

5.7 Retargeting

Il retargeting è una delle strategie di pubblicità più efficaci su Facebook, in quanto consente di mostrare annunci a utenti che hanno già visitato il tuo sito web o interagito con la tua attività in qualche modo.

Questo tipo di pubblicità è particolarmente utile perché mira a utenti che già conoscono la tua attività e sono quindi più propensi a convertire, ovvero compiere un'azione desiderata come l'acquisto di un prodotto o la prenotazione di un servizio.

Per utilizzare il retargeting su Facebook, dovrai prima installare il Pixel Facebook sul tuo sito web. Il Pixel è uno strumento di tracciamento che ti consente di monitorare le azioni degli utenti sul tuo sito, come la visualizzazione di una pagina o l'aggiunta di un prodotto al carrello.

Una volta installato il Pixel, potrai creare pubblici personalizzati di utenti che hanno interagito con il tuo sito web. Ad esempio, potresti creare un pubblico di utenti che hanno aggiunto un prodotto al carrello ma non hanno completato l'acquisto.

Successivamente, potrai creare una campagna pubblicitaria su Facebook che mira a questo pubblico di utenti specifico. Gli annunci potrebbero ad esempio offrire uno sconto o un incentivo per completare l'acquisto abbandonato.

In questo modo, il retargeting su Facebook ti consente di raggiungere utenti altamente qualificati che sono già interessati alla tua attività e aumentare le tue possibilità di conversione.

Ecco alcuni esempi di come il retargeting può essere utilizzato efficacemente:

1. Abbandono carrello: un cliente aggiunge un prodotto al carrello sul tuo sito web, ma poi lo abbandona senza completare l'acquisto. Puoi utilizzare il retargeting per mostrare loro un annuncio con lo stesso prodotto o prodotti simili su Facebook o Instagram per incoraggiarli a completare l'acquisto.

2. Interesse per un prodotto: un cliente visita una pagina di prodotto sul tuo sito web,

ma non effettua alcuna azione. Puoi utilizzare il retargeting per mostrare loro un annuncio con lo stesso prodotto o prodotti simili su Facebook o Instagram per incentivare l'acquisto.

3. Campagne di cross-selling: se un cliente ha acquistato un determinato prodotto, puoi utilizzare il retargeting per mostrare loro prodotti correlati o accessori su Facebook o Instagram. Ad esempio, se un cliente ha acquistato un paio di scarpe, puoi mostrare loro un annuncio con calze o prodotti per la cura delle scarpe.

4. Offerte promozionali: puoi utilizzare il retargeting per mostrare annunci promozionali a chi ha visitato il tuo sito web ma non ha ancora acquistato. Ad esempio, puoi mostrare loro un annuncio con uno sconto o una promozione limitata nel tempo per incentivare l'acquisto.

Ecco un caso studio che illustra come il retargeting ha aiutato un'azienda a ottenere risultati:

Un'azienda di abbigliamento online ha utilizzato il retargeting per aumentare le vendite. Ha iniziato a tracciare gli utenti che visitavano il suo sito web ma non effettuavano alcun acquisto. Successivamente, ha creato una serie di annunci mirati su Facebook e Instagram che mostravano prodotti simili a quelli che l'utente aveva visualizzato ma non acquistato. L'azienda ha utilizzato anche una promozione limitata nel tempo per incentivare l'acquisto.

Il risultato è stato un aumento significativo delle vendite. Il retargeting ha permesso all'azienda di raggiungere gli utenti che erano già interessati ai suoi prodotti, ma che avevano bisogno di una spinta per effettuare l'acquisto. Grazie alla precisione del retargeting, l'azienda ha potuto utilizzare i suoi budget pubblicitari in modo più efficiente, aumentando le vendite e il ROI.

5.8 Pubblico Lookalike

Il pubblico Lookalike è un altro strumento potente offerto da Facebook Business Manager che ti consente di raggiungere nuovi utenti simili a quelli della tua base di clienti esistenti.

Per utilizzare il pubblico Lookalike, devi prima caricare una lista di clienti esistenti nel Business Manager di Facebook. Facebook utilizzerà quindi questi dati per identificare utenti simili, in base a fattori come interessi, comportamenti di acquisto e demografia, e creare un pubblico Lookalike.

Il pubblico Lookalike è particolarmente utile per le aziende che vogliono ampliare la propria base di clienti e raggiungere nuovi utenti interessati ai loro prodotti o servizi. Ad esempio, se gestisci un negozio di abbigliamento e hai una lista di clienti fedeli, puoi utilizzare il pubblico Lookalike per trovare utenti simili che potrebbero essere interessati ai tuoi prodotti.

Ecco alcuni esempi di come le aziende possono utilizzare il pubblico Lookalike:

1. Una società di abbigliamento online che vuole raggiungere nuovi clienti simili a quelli già esistenti. Utilizzando il pubblico Lookalike, la società può identificare utenti con interessi e comportamenti di acquisto simili a quelli dei loro clienti esistenti e creare annunci personalizzati per raggiungerli.

2. Un'agenzia di viaggi che vuole raggiungere utenti interessati a viaggiare all'estero. L'agenzia di viaggi può utilizzare il pubblico Lookalike per trovare utenti simili a quelli che hanno già prenotato un viaggio all'estero con loro e creare annunci personalizzati per promuovere le loro offerte.

3. Un produttore di prodotti per la cura della pelle che vuole raggiungere nuovi clienti interessati ai loro prodotti. Utilizzando il pubblico Lookalike, il produttore può trovare utenti simili ai loro clienti esistenti e creare annunci personalizzati per promuovere i loro prodotti.

Supponiamo che il nostro centro estetico abbia una lista di clienti fedeli che hanno già usufruito dei nostri servizi. Possiamo utilizzare questa lista per creare un pubblico Lookalike utilizzando Facebook Business Manager. Il pubblico Lookalike si baserà sui dati demografici e comportamentali dei clienti esistenti, come ad esempio l'età, il genere, l'ubicazione geografica, gli interessi e i comportamenti di acquisto.

Una volta creato il pubblico Lookalike, possiamo utilizzarlo per creare annunci pubblicitari su Facebook e Instagram. Questi annunci verranno mostrati a persone che hanno caratteristiche simili ai nostri clienti esistenti. Poiché queste persone hanno probabilità maggiori di essere interessate ai nostri servizi, le nostre campagne pubblicitarie avranno maggiori possibilità di successo.

Ad esempio, potremmo creare un annuncio che promuova uno sconto sui nostri servizi per il trattamento viso, rivolto a questo pubblico Lookalike. Grazie alla precisione del targeting, possiamo essere sicuri che l'annuncio raggiunga persone che sono simili ai nostri clienti esistenti, e quindi più propense ad essere interessate a questo tipo di offerta.

In questo modo, utilizzando il pubblico Lookalike, il nostro centro estetico può raggiungere un pubblico più ampio e mirato, aumentando le possibilità di acquisire nuovi clienti e di incrementare le vendite.

5.9 Il Tracciamento Pixel

Il tracciamento Pixel di Facebook è uno strumento essenziale per le campagne pubblicitarie su Facebook. Si tratta di un frammento di codice che puoi aggiungere al tuo sito web per monitorare le azioni degli utenti e creare pubblici personalizzati per le tue campagne pubblicitarie.

Il pixel di Facebook ti consente di tracciare diversi tipi di azioni degli utenti, come l'acquisto di un prodotto, la compilazione di un modulo, la visualizzazione di una pagina specifica, e molto altro. Grazie a questo tracciamento, puoi capire meglio il comportamento degli utenti sul tuo sito web e creare campagne pubblicitarie più mirate e personalizzate.

Ad esempio, supponiamo che il tuo centro estetico voglia creare una campagna pubblicitaria per promuovere un nuovo trattamento di bellezza. Con il tracciamento Pixel di Facebook, puoi monitorare quanti utenti visitano la pagina del trattamento sul tuo sito web e quanti di questi completano l'acquisto del trattamento. Questo ti consente di capire meglio l'efficacia della tua campagna pubblicitaria e di apportare eventuali modifiche per migliorare i risultati.

Inoltre, il tracciamento Pixel di Facebook ti consente di creare pubblici personalizzati per le tue campagne pubblicitarie. Puoi creare un pubblico di utenti che hanno visitato la pagina del trattamento sul tuo sito web, ma non hanno completato l'acquisto, e utilizzare questo pubblico per creare una campagna di retargeting per convincerli a completare l'acquisto.

Il tracciamento Pixel di Facebook è uno strumento potente per le campagne pubblicitarie su Facebook e può aiutare il tuo centro estetico a raggiungere i propri obiettivi di marketing in modo più efficace.

5.10 Strategia per e-commerce

Una strategia di Facebook Ads per e-commerce deve essere mirata a guidare i potenziali clienti verso il tuo sito web e convertirli in clienti effettivi. Di seguito sono riportati alcuni suggerimenti per creare una strategia di Facebook Ads efficace per un negozio online:

1. Utilizza le immagini dei prodotti: su Facebook, le immagini sono importanti e le immagini dei prodotti possono attirare l'attenzione degli utenti e aumentare le probabilità che clicchino sul tuo annuncio.

2. Usa il remarketing: il remarketing è una tecnica di targeting che ti consente di raggiungere gli utenti che hanno già visitato il tuo sito web. Utilizza il pixel di Facebook per creare pubblici personalizzati di utenti che hanno visitato il tuo sito web, ma non hanno effettuato un acquisto, e poi mostrare loro annunci mirati per invogliarli ad acquistare.

3. Utilizza il pubblico lookalike: come abbiamo visto in precedenza, il pubblico lookalike ti consente di raggiungere utenti simili a quelli che hanno già effettuato un acquisto sul tuo sito web. Utilizza questa opzione per raggiungere nuovi potenziali clienti che hanno maggiori probabilità di effettuare un acquisto.

4. Offri incentivi: gli incentivi come gli sconti o le promozioni possono incentivare gli utenti a effettuare un acquisto sul tuo sito web. Utilizza annunci che promuovono queste offerte e incorpora un codice promozionale o un link diretto alla pagina del prodotto in modo che gli utenti possano facilmente completare l'acquisto.

5. Monitora e ottimizza costantemente: come per ogni strategia di marketing, è importante monitorare costantemente le prestazioni delle tue campagne pubblicitarie e apportare eventuali modifiche o ottimizzazioni per ottenere i migliori risultati possibili. Utilizza gli strumenti di analisi di Facebook per monitorare le prestazioni delle tue campagne e apporta modifiche alla tua strategia in base ai dati raccolti.

In generale, una strategia efficace di Facebook Ads per e-commerce dovrebbe essere mirata a guidare il traffico verso il tuo sito web e convertirlo in vendite. Utilizzando le funzionalità di targeting avanzato di Facebook e il remarketing, puoi raggiungere i potenziali clienti giusti e invogliarli ad acquistare i tuoi prodotti. Ecco alcuni concetti utili per approfondire ulteriormente la strategia di pubblicità su Facebook per e-commerce:

1. A/B testing: questa tecnica prevede di creare due o più varianti di un annuncio (o di una pagina di destinazione) e testarle su un campione di utenti per determinare quale

versione funziona meglio. Questo può aiutare a ottimizzare le tue campagne e migliorare le tue conversioni.

2. Ad fatigue: l'ad fatigue si verifica quando gli utenti iniziano a vedere gli stessi annunci troppe volte, rendendo l'annuncio meno efficace e portando a una diminuzione delle prestazioni della campagna. Per prevenire l'ad fatigue, è importante creare annunci nuovi e variare regolarmente il contenuto della tua campagna pubblicitaria.

3. Funnel di conversione: il funnel di conversione si riferisce alle fasi che gli utenti attraversano per compiere un'azione desiderata (ad esempio, l'acquisto di un prodotto). È importante comprendere in quale fase del funnel si trovano i tuoi utenti per creare annunci e offerte adatte alle loro esigenze specifiche.

4. Retargeting dinamico: il retargeting dinamico consente di mostrare annunci specifici ai visitatori del tuo sito web in base a ciò che hanno visto o cercato. Ad esempio, se un utente ha visualizzato un paio di scarpe sul tuo sito web ma non ha completato l'acquisto, puoi mostrargli un annuncio che promuove proprio quelle scarpe, incoraggiandolo a tornare e completare l'acquisto.

5. Pubblici personalizzati: i pubblici personalizzati sono una delle funzionalità più potenti di Facebook per l'e-commerce. Consenti di creare un pubblico basato sulle informazioni dei tuoi clienti esistenti, come l'elenco dei tuoi clienti o i visitatori del tuo sito web, e di raggiungerli con messaggi altamente mirati.

6. Offerte speciali: le offerte speciali, come sconti o promozioni esclusive, possono essere un modo efficace per incentivare gli utenti a fare acquisti sul tuo sito web. Puoi utilizzare Facebook per promuovere le tue offerte speciali e raggiungere nuovi clienti che potrebbero non essere stati consapevoli della tua attività.

Ecco alcuni suggerimenti su come utilizzare questi concetti:

A/B testing: Puoi utilizzare A/B testing per testare diverse varianti dei tuoi annunci e delle tue pagine di destinazione, e determinare quale versione funziona meglio. Ad esempio, puoi testare due varianti di un annuncio con diversi titoli o immagini per vedere quale ha il tasso di clic più alto.

Ad fatigue: Per evitare l'ad fatigue, puoi creare nuovi annunci regolarmente e variare il contenuto della tua campagna pubblicitaria. Puoi anche limitare la frequenza con cui gli utenti vedono gli stessi annunci utilizzando le opzioni di targeting delle campagne pubblicitarie di Facebook.

Funnel di conversione: È importante comprendere in quale fase del funnel si trovano i tuoi utenti per creare annunci e offerte adatte alle loro esigenze specifiche. Ad esempio, se un utente ha già aggiunto un prodotto al carrello ma non ha completato l'acquisto, puoi mostrargli un annuncio che lo incentiva a completare l'acquisto.

Retargeting dinamico: Utilizzando il retargeting dinamico, puoi mostrare annunci specifici ai visitatori del tuo sito web in base a ciò che hanno visto o cercato. Ad esempio, se un utente ha cercato una borsa sul tuo sito web ma non ha completato l'acquisto, puoi mostrargli un annuncio che promuove proprio quella borsa.

Pubblici personalizzati: Puoi utilizzare i pubblici personalizzati per raggiungere utenti simili a quelli che hanno già acquistato da te o hanno visitato il tuo sito web. Ad esempio, puoi creare un pubblico personalizzato basato sull'elenco dei tuoi clienti esistenti e raggiungerli con messaggi altamente mirati.

Offerte speciali: Puoi utilizzare le offerte speciali per incentivare gli utenti a fare acquisti sul tuo sito web. Ad esempio, puoi creare un'offerta speciale per i nuovi clienti o offrire uno sconto ai tuoi clienti fedeli. Utilizza Facebook per promuovere le tue offerte speciali e raggiungere nuovi clienti che potrebbero non essere stati consapevoli della tua attività

Capitolo 6: Instagram

Instagram è uno dei social media più popolari al mondo, con oltre un miliardo di utenti attivi mensilmente. Fondata nel 2010, l'app è stata acquisita da Facebook nel 2012 e da allora ha continuato a crescere in popolarità. Instagram è una piattaforma basata sull'immagine, dove gli utenti possono condividere foto e video, utilizzare filtri ed effetti, e interagire con altri utenti attraverso la funzione "like" e "commenti".

Nel seguente capitolo, esploreremo la teoria dietro Instagram e come funziona la piattaforma, nonché la pratica dell'utilizzo di Instagram per la promozione della tua attività.

Instagram (Teoria)

Per comprendere come utilizzare Instagram per la promozione della tua attività, è importante conoscere la teoria dietro la piattaforma.

Hashtag

Gli hashtag sono una parte importante di Instagram. Aggiungere hashtag alle tue foto e ai tuoi video aiuta gli utenti a scoprire il tuo contenuto e può aumentare l'esposizione della tua attività su Instagram. Gli hashtag possono essere generici (come #food o #travel) o specifici della tua attività (come #centroestetico o #makeupartist). È importante trovare il giusto equilibrio tra l'utilizzo di hashtag rilevanti per la tua attività e il rischio di apparire spam o invadente.

Follower

I follower sono utenti che scelgono di seguire il tuo profilo Instagram per visualizzare il tuo contenuto regolarmente. Aumentare il numero di follower può aiutare a aumentare l'esposizione della tua attività e raggiungere nuovi potenziali clienti.

Engagement

L'engagement si riferisce alla partecipazione degli utenti al tuo contenuto su Instagram, come il "like" e i commenti. Un alto tasso di engagement può indicare che il tuo contenuto è interessante e coinvolgente per il tuo pubblico, il che può aumentare le possibilità di convertire i tuoi follower in clienti.

Instagram Stories

Instagram Stories sono un formato di contenuto a breve durata che scompare dopo 24 ore. Le storie possono contenere foto, video, testo, gif e altri effetti interattivi. Le storie possono essere utilizzate per promuovere prodotti, annunciare offerte speciali, o mostrare il dietro le quinte della tua attività.

Influencer marketing

L'influencer marketing è una forma di marketing in cui le aziende collaborano con influencer su Instagram per promuovere i loro prodotti o servizi. Gli influencer hanno un pubblico di follower fedeli e possono aiutare a aumentare l'esposizione della tua attività attraverso la loro promozione.

Instagram (Pratica)

Ora che hai una comprensione della teoria dietro Instagram, è tempo di esplorare come utilizzare Instagram nella pratica per promuovere la tua attività. Di seguito sono riportati alcuni consigli per l'utilizzo di Instagram per la promozione della tua attività:

1. Crea un profilo professionale: assicurati di creare un profilo Instagram professionale per la tua attività, includendo una descrizione accurata della tua attività e un link al tuo sito web.
2. Utilizza gli hashtag: Utilizza gli hashtag per aumentare l'esposizione della tua attività su Instagram. Utilizza hashtag rilevanti per la tua attività e utilizza anche hashtag generici popolari per aumentare la tua visibilità.

Crea contenuti di qualità: assicurati di creare contenuti di alta qualità, come foto e video ben realizzati e con una buona illuminazione. Assicurati che il tuo contenuto sia coerente con la tua brand identity e il tuo messaggio di marketing.

Interagisci con i tuoi follower: rispondi ai commenti dei tuoi follower e interagisci con loro attraverso la funzione di messaggistica diretta di Instagram. Ciò può aiutare a creare un rapporto più stretto con i tuoi follower e aumentare l'engagement.

Utilizza le Instagram Stories: utilizza le Instagram Stories per promuovere i tuoi prodotti o servizi, o per mostrare il dietro le quinte della tua attività. Utilizza anche gli adesivi interattivi come sondaggi, domande e quiz per aumentare l'engagement con i tuoi follower.

Collabora con influencer: considera la possibilità di collaborare con influencer su Instagram per promuovere la tua attività. Cerca influencer che siano rilevanti per la tua attività e che abbiano un pubblico che corrisponde al tuo target di riferimento.

Ecco alcuni approfondimenti:

Tipologie di post: Instagram offre molte opzioni per pubblicare contenuti, tra cui foto, video, caroselli e Reels. Le foto sono la forma di post più comune su Instagram e sono spesso utilizzate per mostrare prodotti, servizi o il dietro le quinte dell'attività. I video possono essere utilizzati per fornire informazioni dettagliate sui prodotti o per raccontare storie coinvolgenti. I caroselli consentono di pubblicare più immagini in un unico post, ideale per mostrare diverse angolazioni o funzionalità di un prodotto. Infine, i Reels sono video a breve durata simili a TikTok, utilizzati per creare contenuti divertenti e coinvolgenti.

Strategie di engagement: per aumentare l'engagement con la propria audience su Instagram, è importante creare contenuti di alta qualità, interagire con i propri follower attraverso commenti e direct message e utilizzare gli hashtag in modo efficace. Inoltre, è possibile utilizzare le funzionalità di Instagram, come le domande nelle storie e i sondaggi, per coinvolgere ulteriormente il proprio pubblico.

Instagram Ads: Instagram offre la possibilità di creare annunci pubblicitari per promuovere la propria attività. Gli annunci possono essere creati attraverso il gestore di annunci di Facebook e possono essere visualizzati sia nelle storie che nel feed degli utenti. Gli annunci possono essere segmentati in base a diversi criteri, come l'età, il genere, la posizione e gli interessi degli utenti.

Analisi delle statistiche del profilo: Instagram fornisce dati dettagliati sull'attività del proprio profilo, tra cui il numero di visualizzazioni, impressioni, follower e l'engagement. Utilizzando queste informazioni, è possibile monitorare il successo delle proprie strategie di marketing su Instagram e apportare modifiche se necessario.

In sintesi, Instagram è una piattaforma potente per la promozione della propria attività, ma richiede un impegno costante e una strategia ben pianificata. Utilizzando le giuste strategie, come la creazione di contenuti di alta qualità e l'utilizzo efficace degli hashtag, è possibile raggiungere un pubblico ampio e aumentare la visibilità della propria attività su Instagram.

Capitolo 7: TikTok

TikTok (Teoria)

TikTok è un social media cinese lanciato nel 2016 con il nome di Douyin. Nel 2018 è stato lanciato a livello internazionale con il nome di TikTok. L'app è diventata rapidamente popolare, soprattutto tra i giovani, ed è stata scaricata oltre 2 miliardi di volte in tutto il mondo. TikTok è una piattaforma basata su video, in cui gli utenti possono creare, condividere e scoprire brevi video musicali, clip di comicità, tutorial e altro ancora.

Di seguito sono elencati alcuni concetti teorici importanti relativi a TikTok:

Hashtag

Come per Instagram, gli hashtag sono importanti anche su TikTok. Aggiungere hashtag pertinenti ai tuoi video aiuta gli utenti a scoprire il tuo contenuto e può aumentare l'esposizione del tuo account su TikTok.

Tendenze

TikTok è noto per le sue tendenze virali, ovvero i video che diventano popolari in breve tempo e vengono replicati da molti altri utenti. Essere in grado di individuare e partecipare alle tendenze può aiutare a aumentare l'esposizione del tuo account.

For You page

La "For You page" è la pagina principale di TikTok, dove gli utenti scoprono nuovi video. Gli algoritmi di TikTok utilizzano l'interazione degli utenti con il contenuto per determinare quali video mostrare sulla "For You page".

TikTok (Pratica)

Ora che hai una comprensione teorica di TikTok, è tempo di esplorare come utilizzare la piattaforma per la promozione della tua attività. Di seguito sono riportati alcuni consigli pratici per l'utilizzo di TikTok per la promozione della tua attività:

Crea contenuti coinvolgenti

TikTok è una piattaforma basata sul divertimento e l'intrattenimento. Per promuovere la tua attività su TikTok, devi creare contenuti coinvolgenti che siano divertenti, informativi o interessanti per il tuo pubblico di riferimento.

Partecipa alle tendenze

Come accennato in precedenza, partecipare alle tendenze su TikTok può aiutare a aumentare l'esposizione del tuo account. Osserva i video che diventano popolari e cerca di creare il tuo video in modo creativo e originale seguendo la tendenza.

Utilizza gli hashtag

Come su Instagram, gli hashtag su TikTok possono aiutare gli utenti a scoprire il tuo contenuto. Utilizza hashtag pertinenti alla tua attività e ricorda di includere gli hashtag nella descrizione del tuo video.

Interagisci con la community

Interagire con la community di TikTok è importante per aumentare la visibilità del tuo account. Rispondi ai commenti, partecipa a sfide e collabora con altri utenti per aumentare la tua presenza su TikTok.

Inoltre, TikTok offre anche la possibilità di creare campagne pubblicitarie mirate per la promozione della tua attività, simile a Instagram Ads. E' possibile scegliere il tuo target di riferimento e creare annunci pubblicitari basati su obiettivi di marketing specifici. Inoltre, TikTok offre anche la possibilità di creare influencer marketing, in cui le aziende collaborano con influencer per promuovere i propri prodotti o servizi attraverso i loro account TikTok.

Infine, è importante tenere traccia delle analisi del tuo account TikTok per comprendere il comportamento del tuo pubblico e ottimizzare i tuoi contenuti in base alle tendenze e alle preferenze del tuo pubblico di riferimento.

Capitolo 8: LinkedIn

LinkedIn è un social network professionale fondato nel 2002 e lanciato nel 2003. La piattaforma è rivolta principalmente ai professionisti e alle aziende, offrendo loro la possibilità di creare un profilo personale o aziendale, connettersi con altri professionisti, cercare lavoro o candidati, partecipare a gruppi di discussione, pubblicare articoli e molto altro.

Di seguito sono elencati alcuni concetti importanti relativi a LinkedIn:

Profilo personale

Il profilo personale su LinkedIn è il tuo biglietto da visita online. Contiene informazioni sul tuo background professionale, le tue esperienze lavorative, le tue competenze e molto altro. Un profilo personale ben curato e completo può aiutarti a connetterti con altri professionisti e a farti notare dagli headhunter.

Profilo aziendale

Il profilo aziendale su LinkedIn è simile al profilo personale, ma è destinato alle aziende. Fornisce informazioni sull'azienda, sulle sue attività, sui suoi prodotti e servizi e sui suoi dipendenti. Un profilo aziendale ben curato e completo può aiutare l'azienda a farsi conoscere dagli utenti di LinkedIn e a generare lead.

Gruppi e Slides

I gruppi di LinkedIn sono comunità di professionisti che si connettono per discutere di un determinato argomento o settore. Possono essere utilizzati per fare networking, imparare dagli altri membri e trovare potenziali clienti. Le Slide di LinkedIn sono presentazioni brevi e semplici che possono essere utilizzate per condividere informazioni sul tuo lavoro, sui tuoi prodotti o servizi o su un determinato argomento di interesse.

Articoli su LinkedIn

La funzione degli articoli su LinkedIn consente agli utenti di pubblicare contenuti lungo e ben strutturati sulla piattaforma. Puoi utilizzare gli articoli per condividere le tue conoscenze, opinioni e esperienze, generare interesse per il tuo lavoro e farti notare dagli utenti di LinkedIn.

500+

L'icona "500+" accanto al nome di un utente indica che ha oltre 500 connessioni su LinkedIn. Avere molte connessioni su LinkedIn può aumentare la visibilità del tuo profilo, migliorare il tuo posizionamento nei risultati di ricerca e aiutarti a farti notare dagli headhunter.

Profilo personale

Per creare un profilo personale su LinkedIn, devi registrarti alla piattaforma e fornire le informazioni richieste. Ecco alcuni consigli per creare un profilo personale efficace su LinkedIn:

- Utilizza una foto professionale e un titolo che descriva la tua attività professionale;
- Fornisci una descrizione dettagliata delle tue esperienze lavorative e delle tue competenze;
- Aggiungi le tue esperienze educative e di formazione;
- Includi le tue abilità e competenze, e chiedi ai tuoi colleghi di validare quelle che ritengono pertinenti;
- Partecipa ai gruppi di LinkedIn per connetterti con altri professionisti del tuo settore.

Profilo aziendale

Per creare un profilo aziendale su LinkedIn, devi registrare la tua azienda e fornire le informazioni

richieste. Ecco alcuni consigli per creare un profilo aziendale efficace su LinkedIn:

Includi informazioni dettagliate sull'azienda, come la storia, la mission e i valori; Aggiungi i prodotti e i servizi offerti dall'azienda; Includi una descrizione dei dipendenti e delle opportunità di lavoro disponibili; Condividi aggiornamenti e contenuti rilevanti per il tuo settore; Utilizza le pagine Showcase per evidenziare specifiche divisioni o prodotti dell'azienda. Gruppi e Slides

Per partecipare ai gruppi di LinkedIn, devi cercare i gruppi pertinenti al tuo settore e richiedere l'iscrizione. Ecco alcuni consigli per utilizzare i gruppi di LinkedIn in modo efficace:

Partecipa alle discussioni per far conoscere la tua attività e le tue competenze; Connettiti con altri professionisti del tuo settore; Condividi contenuti rilevanti e interessanti per il gruppo; Rispetta le regole del gruppo per evitare di essere espulso. Per creare una Slide su LinkedIn, devi utilizzare la funzione di condivisione presente nella sezione delle attività del tuo profilo. Ecco alcuni consigli per creare Slide efficaci su LinkedIn:

Crea presentazioni brevi e concise; Utilizza immagini di alta qualità e grafici per illustrare i tuoi punti; Includi il tuo logo o altri elementi di branding per rafforzare la tua immagine aziendale; Condividi le tue Slide nei gruppi di LinkedIn pertinenti per aumentare la visibilità del tuo lavoro. Articoli su LinkedIn

Per pubblicare un articolo su LinkedIn, devi utilizzare la funzione degli articoli presente nella sezione delle attività del tuo profilo. Ecco alcuni consigli per creare articoli efficaci su LinkedIn:

Scegli un argomento rilevante per il tuo settore o la tua attività professionale; Crea un titolo accattivante per attirare l'attenzione degli utenti; Utilizza una struttura ben definita e scrivi in modo chiaro e conciso; Includi immagini, video o altri elementi multimediali per rendere il tuo articolo più interessante; Condividi il tuo articolo nei gruppi di LinkedIn pertinenti per aumentare la visibilità del tuo lavoro. 500+

Avere più di 500 connessioni su LinkedIn può aumentare la visibilità del tuo profilo e migliorare il tuo posizionamento nei risultati di ricerca. Ecco alcuni consigli per aumentare il numero delle tue connessioni su LinkedIn:

Connettiti con i colleghi, i clienti e i partner del tuo settore; Partecipa ai gruppi di LinkedIn per connetterti con altri professionisti del tuo settore; Invia messaggi personalizzati ai tuoi contatti per rafforzare la relazione; Condividi contenuti rilevanti e interessanti per il tuo pubblico per aumentare la tua visibilità su LinkedIn.

I social media manager possono utilizzare una serie di tattiche e strategie specifiche su LinkedIn per raggiungere i loro obiettivi. Alcune di queste includono:

1. Creare una pagina aziendale LinkedIn: la creazione di una pagina aziendale LinkedIn ti consente di presentare la tua azienda e di connetterti con potenziali clienti e dipendenti. Assicurati di utilizzare immagini di alta qualità e di fornire informazioni dettagliate sull'azienda, sui suoi prodotti e servizi e sui suoi dipendenti.

2. Ottimizzare il tuo profilo personale: il tuo profilo personale LinkedIn è il tuo biglietto da visita online e dovrebbe essere ben curato e completo. Assicurati di

utilizzare una foto professionale, di includere informazioni dettagliate sulle tue esperienze lavorative e di formazione e di evidenziare le tue competenze.

3. Creare e condividere contenuti di valore: la creazione di contenuti di valore come articoli, post e presentazioni può aiutarti a farti notare dagli utenti di LinkedIn. Assicurati che i tuoi contenuti siano pertinenti per il tuo pubblico di riferimento e di utilizzare parole chiave pertinenti per aumentare la visibilità dei tuoi post.

4. Partecipare ai gruppi di LinkedIn: i gruppi di LinkedIn sono un ottimo modo per connettersi con altri professionisti del tuo settore e per condividere idee e informazioni. Partecipa attivamente ai gruppi per aumentare la tua visibilità e farti notare dagli utenti di LinkedIn.

5. Utilizzare LinkedIn Ads: LinkedIn offre una serie di opzioni pubblicitarie per aiutarti a raggiungere il tuo pubblico di riferimento. Puoi utilizzare LinkedIn Ads per promuovere la tua pagina aziendale, i tuoi prodotti o servizi o per trovare nuovi dipendenti.

6. Collaborare con influencer: collaborare con influencer può aiutarti a aumentare la visibilità della tua azienda su LinkedIn. Cerca influencer nel tuo settore e lavora con loro per creare contenuti condivisibili e di valore per il tuo pubblico di riferimento.

7. Monitorare e analizzare i risultati: per capire se le tue tattiche e strategie stanno funzionando, è importante monitorare e analizzare i risultati delle tue attività su LinkedIn. Utilizza gli strumenti di analisi di LinkedIn per capire quali contenuti funzionano meglio, quali gruppi sono più attivi e quali pubblicità stanno generando più conversioni.

Capitolo 9: YouTube

YouTube è la piattaforma di condivisione video più grande e popolare del mondo, con miliardi di utenti attivi ogni giorno. È una piattaforma incredibilmente potente per il marketing, e molte aziende e marketer lo utilizzano come parte della loro strategia di social media marketing.

Introduzione a YouTube:

Prima di iniziare a utilizzare YouTube come parte della tua strategia di social media marketing, è importante comprendere come funziona e come utilizzarlo per raggiungere i tuoi obiettivi di marketing. Ci sono diverse aree chiave su cui concentrarsi, tra cui la ricerca di parole chiave, la pubblicazione di contenuti ottimizzati, la promozione dei video e la collaborazione con altri creatori.

Research Marketing su YouTube:

La ricerca di parole chiave è una parte fondamentale del marketing su YouTube. Utilizzando strumenti come Google Keyword Planner, SEM Rush e Google Trends, puoi trovare parole chiave pertinenti e scoprire cosa gli utenti cercano su YouTube. Questo ti aiuta a creare contenuti che rispondono alle domande dei tuoi utenti e a posizionarti nei risultati di ricerca.

Tra i Consigliati:

Ci sono anche strumenti di analisi come Vid IQ e Social Blade che possono aiutarti a identificare quali video sono popolari e come migliorare il tuo posizionamento. Questi strumenti ti consentono di ottenere informazioni sulle tue statistiche e su quelle dei tuoi concorrenti, come la visualizzazione dei video, il coinvolgimento degli utenti e altro ancora.

Fuori da YouTube:

È importante non concentrarsi solo su YouTube, ma anche su altre piattaforme di social media come Instagram e Facebook. Puoi utilizzare queste piattaforme per promuovere i tuoi video, generare traffico verso il tuo canale YouTube e raggiungere un pubblico più ampio.

OPN - Other People Network:

Inoltre, una strategia efficace per creare un pubblico più grande su YouTube è quella di collaborare con altri creatori attraverso la rete di Other People Network (OPN). Questo ti consente di raggiungere nuovi pubblici e di espandere la tua base di fan.

Tecnicismi I:

Ci sono anche molte tecniche che puoi utilizzare per ottimizzare i tuoi video su YouTube, come l'uso di parole chiave, tag e descrizioni efficaci. Assicurati di utilizzare parole chiave pertinenti nel titolo del tuo video e nella descrizione.

Tecnicismi II:

Inoltre, puoi utilizzare la descrizione del tuo video per includere collegamenti al tuo sito web o ai tuoi social media, nonché per promuovere altri video sul tuo canale YouTube.

Tecnicismi III:

Inoltre, è importante assicurarsi che il tuo video sia di alta qualità e che sia facile da visualizzare su qualsiasi dispositivo. Utilizza uno sfondo pulito, una buona illuminazione e una fotocamera di alta qualità per registrare i tuoi video.

Crea il tuo canale:

Il primo passo per utilizzare YouTube come parte della tua strategia di social media marketing è creare il tuo canale. Questo ti consente di caricare video, creare playlist e interagire con la tua base di fan.

Imposta il tuo canale:

Assicurati di personalizzare il tuo canale in modo che rappresenti la tua marca o il tuo business. Utilizza una foto del profilo riconoscibile e una copertina accattivante che rifletta il tuo marchio. Inoltre, scrivi una descrizione completa del tuo canale, inclusi i tuoi obiettivi e il tipo di contenuto che pubblicherai.

Pubblica ed ottimizza i tuoi video:

Una volta creato il tuo canale, inizia a pubblicare i tuoi video. Assicurati di ottimizzare ogni video utilizzando le tecniche di ottimizzazione SEO e di promuoverli attraverso le tue altre piattaforme di social media. Inoltre, interagisci con la tua base di fan, rispondendo ai commenti e ai messaggi privati.

OPN - Other People Network (Link):

Per utilizzare Other People Network (OPN), puoi accedere a varie piattaforme online come Social Blue Book e Famebit per trovare creatori con cui collaborare. Inoltre, puoi utilizzare le reti di YouTube stesse, come la YouTube Partner Program, per accedere a strumenti e risorse utili.

Risorse (Codici e Slides):

Ci sono anche molte risorse disponibili per aiutarti a creare contenuti di alta qualità e a migliorare le tue abilità di marketing su YouTube. Ad esempio, puoi utilizzare software di editing video come Adobe Premiere o Final Cut Pro per creare video di alta qualità. Inoltre, ci sono molti tutorial disponibili online per aiutarti a migliorare le tue tecniche di marketing su YouTube.

Casi Pratici:

Per avere un'idea di come le aziende e i marketer utilizzano YouTube nella loro strategia di social media marketing, puoi studiare casi pratici di successo come Devie504, Polynerdeia, Barbero, Breaking Italy e Cartoni Morti.

Devie504: un canale YouTube gestito da un musicista che pubblica tutorial di basso e video di esecuzione dal vivo. Il canale ha attirato un pubblico fedele di musicisti e ha aiutato Devie504 a diventare un'autorità nel suo campo.

- Polynerdeia: un canale YouTube che si concentra sui videogiochi indie e sulle recensioni di giochi. Il canale ha attirato un pubblico di appassionati di videogiochi indie e ha aiutato a creare una comunità attiva e coinvolta.

- Barbero: un canale YouTube gestito da un barbiere che pubblica tutorial di taglio dei capelli e video di styling. Il canale ha attirato un pubblico di uomini interessati alla cura dei capelli e ha aiutato il barbiere a promuovere la sua attività.

- Breaking Italy: un canale YouTube che si concentra sulle notizie e sulla politica italiana. Il canale ha attirato un pubblico di persone interessate alla politica italiana e ha aiutato Breaking Italy a diventare una fonte autorevole di informazioni sulla politica italiana.

- Cartoni Morti: un canale YouTube che pubblica video di animazione e cortometraggi. Il canale ha attirato un pubblico di appassionati di animazione e ha aiutato a promuovere il lavoro degli animatori che collaborano con Cartoni Morti.

Studiare questi casi pratici può fornirti idee su come utilizzare YouTube come parte della tua strategia di social media marketing e come creare un pubblico fedele e coinvolto.

Consigli Produzione Video:

Per creare video di alta qualità, ci sono alcuni consigli che puoi seguire, come utilizzare una buona illuminazione, un microfono di alta qualità e un buon software di editing video. Inoltre, è importante creare contenuti interessanti e utili per il tuo pubblico di riferimento.

Attrezzatura Consigliata:

Ci sono anche alcune attrezzature consigliate che puoi utilizzare per creare video di alta qualità, come una gaming mouse per creare video di giochi o una telecamera di alta qualità per registrare video più tradizionali. Inoltre, è importante assicurarsi che l'audio del tuo video sia di alta qualità, utilizzando un microfono professionale o un filtro anti-pop.

Tips and tricks:

YouTube è una piattaforma altamente visuale, quindi la qualità del video è essenziale. Considera di investire in attrezzature di registrazione di alta qualità come telecamere, luci e microfoni per migliorare la qualità del tuo video e aumentare l'interesse del tuo pubblico.

- Il branding è importante su YouTube. Assicurati che il tuo logo, i colori del tuo marchio e il tono della tua voce siano coerenti in ogni video che pubblichi. Questo aiuta a rafforzare la tua presenza online e renderti più riconoscibile.

- Non dimenticare la comunità YouTube. La partecipazione ai commenti, la risposta alle domande dei tuoi utenti e l'interazione con altri creatori possono aiutarti a costruire una comunità fedele e impegnata intorno al tuo canale.

- Focalizzati sulla qualità del contenuto: la qualità del contenuto è un fattore cruciale per ottenere visibilità e engagement. Assicurati di creare contenuti di alta qualità che siano informativi, coinvolgenti e interessanti per il tuo pubblico.

- Utilizza le playlist: le playlist sono un ottimo strumento per organizzare i tuoi video e per aiutare gli utenti a trovare facilmente i contenuti che stanno cercando. Assicurati di creare playlist rilevanti e di aggiornarle regolarmente.

- Collabora con altri creatori: collaborare con altri creatori può aiutare a raggiungere nuovi pubblici e a creare contenuti più coinvolgenti. Cerca altri creatori con cui condividi interessi simili e cerca di creare contenuti insieme.

- Utilizza le miniature dei video: le miniature dei video sono la prima cosa che gli utenti vedono quando cercano video su YouTube. Assicurati di utilizzare miniature di alta qualità e di creare un design che rappresenti accuratamente il contenuto del video.

- Promuovi i tuoi video su altre piattaforme social: promuovi i tuoi video su altre piattaforme social come Facebook, Twitter e Instagram per raggiungere un pubblico più ampio.

- Rispondi ai commenti: rispondi ai commenti dei tuoi utenti per creare un'esperienza di engagement più personale e per incoraggiare ulteriori commenti e interazioni.

- Utilizza le cards e gli schermi finali: le cards e gli schermi finali sono strumenti per incoraggiare gli utenti a fare clic su altri video o sul tuo sito web. Utilizzali in modo strategico per aumentare l'engagement e la visibilità.

- Utilizza gli analytics di YouTube: utilizza gli analytics di YouTube per monitorare le performance del tuo canale e per identificare gli aspetti che devono essere migliorati.

- Sii costante e coerente: pubblica regolarmente e mantieni una coerenza nei tuoi contenuti e nel tuo stile di comunicazione per creare un'esperienza di marca unica e riconoscibile.

Conclusioni

Congratulazioni! Hai completato il nostro corso di social media management e hai acquisito una vasta gamma di conoscenze e competenze nel campo del marketing sui social media. Siamo certi che sarai in grado di applicare tutto ciò che hai imparato in modo efficace nella tua attività di marketing sui social media.

In questo corso, abbiamo esaminato diverse piattaforme di social media, tra cui Facebook, Instagram, Twitter, LinkedIn e YouTube. Abbiamo esplorato le tecniche di marketing su ciascuna piattaforma, dai contenuti alle pubblicità, fino alla collaborazione con altri utenti.

Inoltre, abbiamo analizzato l'importanza della ricerca di parole chiave e delle analisi per migliorare le prestazioni del tuo marketing sui social media. Abbiamo anche discusso dell'importanza di creare una presenza online coerente e autentica che rappresenti la tua attività.

Infine, abbiamo affrontato i temi della gestione delle crisi sui social media e della misurazione dei risultati per monitorare l'efficacia delle tue campagne di marketing sui social media.

Ricorda sempre di monitorare le tue prestazioni sui social media e di adattare la tua strategia di conseguenza. Il mondo dei social media è in costante evoluzione e devi essere in grado di adattarti ai cambiamenti per rimanere rilevante e raggiungere il tuo pubblico.

Siamo certi che, applicando le conoscenze e le competenze che hai acquisito in questo corso, sarai in grado di creare una strategia di marketing sui social media di successo che porterà risultati positivi per la tua attività.

Grazie per aver seguito il nostro corso di social media management e ti auguriamo il meglio per la tua attività sui social media!